لك ابنتي المكلفة - بتول

تأليف وتصميم ورسوم

تماضر معتوق العلي

BookBaby™

الطبعة الأولى
٢٠٢٣م - ١٤٤٤هـ
حقوق الطبع محفوظة للمؤلفة

اهداء

إلى من النفوس تهفو إليه, إلى من سما فكان قاب قوسين أو أدنى, إلى من دان له الوجود عشقا, إليك سيدي يا رسول الله **محمد** "صلى الله عليه وآله" اهدي هذا الجهد المتواضع عله يكون لي كأسا أسقى منه يوم الورود.

تماضر معتوق العلي

شكر وتقدير

الحمد لله والصلاه والسلام على أشرف خلق الله رسول الله محمد وعلى أهل بيته الطيبين الطاهرين.

الشكر **لله** اولاً, الذي وفقنا لما يحب ويرضى.

ومن لم يشكر المخلوق لم يشكر الخالق.

كما أتقدم بالشكر الجزيل إلى عبق طفولتي ودفء حياتي لك

أبي معتوق العلي

الكريم والصديق الجليس وأستاذي الأول , الذي أشعل شغف العلم في قلبي.

أمي زينب آل ابراهيم

التي سقتني حب الله حتى ارتوت منه عروق جسدي

إليكما دعواتي وامتناني

زوجي الحبيب عبدالله الضيف

الشريك والصديق الذي يساندني ويدعمني ويشجعني دائما, وكان سبب نجاحي

بناتي وأبنائي زهراء وفضل ومنار وعلي و فاطمة

أرواحي الذين يمشون على الأرض

أخواتي وإخوتي

يامن تشاركوني بآرائكم وتشجيعكم المستمر يا سندي وعزوتي

واخيرا اتقدم بالشكر والامتنان لكل من ساهم في نجاح هذا العمل

تماضر معتوق العلي

ثواب هذا العمل لأختي عزيزة روحي المرحومة الشابة:

فاطمة معتوق العلي "أم مهدي أبو زيد"

ولأرواح موتى المساهمة في العمل:

سارة إكرابات "أم علي رضا"

أنا بتول

ولقد أكملت تسع سنوات هجرية , أي أني أصبحت مكلفة, وبما أني أنهيت دورة التكليف وأني أحب الرسم, فسأختصر لكم كل ماتعلمته في هذا الكتاب من خلال طرح أهم الموضوعات التي تحتاجها الفتاة المكلفة. مع وضع رسومات توضيحية.لذلك. فهيا بنا نتعلم.

بسم الله الرحمن الرحيم
سنتعلم في هذا الفصل عن أصول الدين وهي أساسيات يجب على المسلم الإيمان والإعتقاد بها, وفروع الدين وهي الواجبات العملية. بعدها سنتطرق لمرحلة التكليف وما معناها ثم التقليد وهو أمر مهم لصحة أعمالنا
ورد في التوقيع الشريف للإمام المهدي "عج" : (وأما الحوادث الواقعة فارجعوا فيها إلى رواة حديثنا فإنهم حجتي عليكم وأنا حجة الله عليهم)

الفصل الأول

أصول الدين وفروعه

التكليف

التقليد

أصول الدين وفروعه

الإسلام مثل الشجرة له جذور (أصول) و له فروع

الجذور مهمة جداً , فلو تم قطع الفروع والورق فلن تموت الشجرة بل انها ستنبت وتنمو من جديد ولكن لو تم قطع جذر الشجرة فانها سوف تموت

ما معنى أصول الدين وفروعه؟

الأصول هي الأسس التي ترتبط بعقيدة المسلم وسلوكه الفكري وهي التي تبنى عليها فروع الدين

الفروع هي التي ترتبط عادة بسلوك الفرد العملي وعباداته

كم عدد أصول الدين وفروعه؟

أصول الدين **خمسة**

وفروع الدين **عشرة**

أصول الدين وفروعه

الإسلام مثل الشجرة

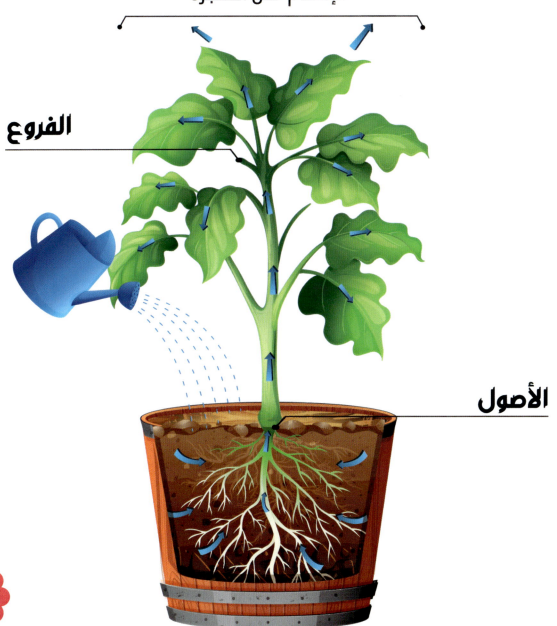

أصول الدين

١- التوحيد أي أن الله سبحانه واحد أحد فرد صمد لم يتخذ صاحبة ولا ولداً ولم يكن له شريك في الملك ولم يكن له ولي من الذل وأنه تعالى ليس كمثله شيء ، وأنه هو السميع البصير

٢- العدل هو وضع الشيء في موضعه وإعطاء كل ذي حق حقه ، أي أن الله سبحانه وتعالى عادل مع عباده لا يظلم أحداً ، ولا يفعل ما لا ينبغي فعله ، ويراعي مصالح العباد

٣- النبوة أي أن الله سبحانه وتعالى لا بد أن يرسل الرسل والأنبياء إلى عباده ليخبرهم ماذا يريد منهم وماذا فرض عليهم من الحلال والحرام ليبلغهم السعادة المطلوبة في الدنيا والآخرة . وقد بعث الله مئة وأربعة وعشرين ألف نبي (124000) أولهم أبونا آدم عليه السلام وآخرهم خاتم الأنبياء محمد صلى الله عليه وآله

٤- الإمامة وهي أن يوصي النبي صلى الله عليه وآله إلى الإمام من بعده ليقوم مقامه في إرشاد الناس إلى أحكام الدين، والأئمة اثنا عشر إماما أولهم الإمام علي بن أبي طالب عليه السلام وآخرهم الإمام المهدي المنتظر عجل الله تعالى فرجه

٥- المعاد (يوم القيامة) وهو أن الله تعالى يعيد الأرواح إلى أجسادها يوم القيامة ليجازي المحسن على إحسانه والمسيء على إساءته

أصول الدين خمسة

فروع الدين

١- الصلاة (وهي الصلوات الخمس الواجبة وصلاة الآيات وصلاة الطواف

٢- الصيام (صيام شهر رمضان ، وصيام النذر)

٣- الحج حج بيت الله الحرام

٤- الخمس أداء خمس الأموال الذي أوجبه الله تعالى في كتابه على المؤمنين للمستحقين الذين حددهم

٥- الزكاة دفع الزكاة التي فرضها الله على عباده

٦- الجهاد وهو قسمان

الأول وهو الجهاد الأكبر جهاد النفس ، **والثاني** هو جهاد الكفار والبغاة

٧- ا الأمر بالمعروف وهو ما أوجبه الإسلام كالحجاب والعفاف.. أو ما ندب إليه كالإحسان والإنصاف

٨- النهي عن المنكر وهو ما حرمه الإسلام كالكذب والغيبة ، أو ما كرهه كالبطنة والبطالة

٩- الولاية لأهل البيت عليهم السلام

١٠-البراءة من أعداء أهل البيت عليهم السلام

فروع الدين عشرة

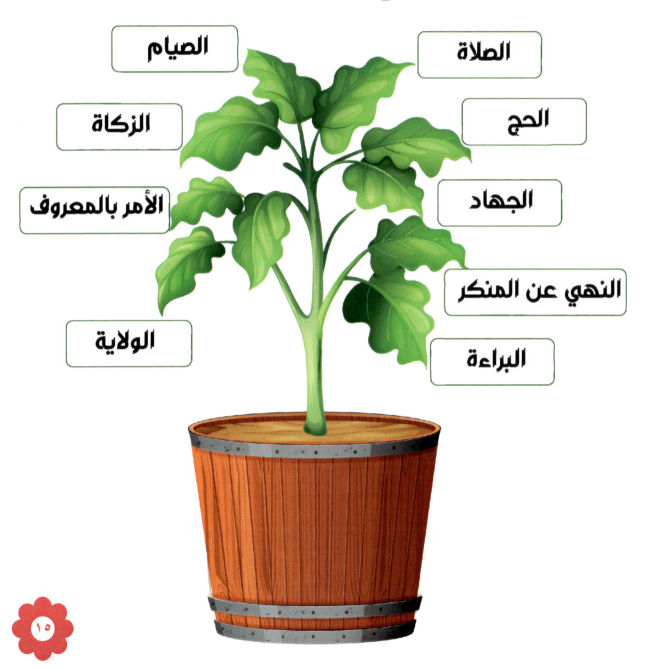

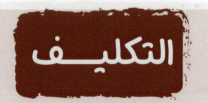

التكليف

س / ما معنى التكليف؟

الإنسان يمر بمراحل عديدة , وأول مرحلة يبدأ فيها هي

مرحلة الجنين

ثم مرحلة الطفولة

ثم مرحلة الصبا

وهنا تأتي أهم مرحلة في حياة كل الإنسان وهي

مرحلة البلوغ أو ما نطلق عليها مرحلة (التكليف)

س / ماهو التكليف؟

هي مرحلة تكون فيها المكلفة على استعداد أن تتلقى خطاب أوامر الله ونواهيه

ماذا تعني الأوامر؟

هي الأشياء التي أمرنا الله تعالى بفعلها بعد سن التكليف مثل: الصلاة والصيام وإطاعة أوامر الوالدين

مراحل عمر الانسان

أما النواهي؟

هـي النواهـي التـي أمرنـا اللـه بالإبتعـاد عنهـا مثـل : السـب والشـتم وعصيان أمر الوالدين

ولابد أن نهتم بهذه المرحلة لأهميتها عند الله

س/ من هي المكلّفة ؟

المكلَّفة هي الإنسانة البالغة العاقلة

س/ ما هي شروط التكليف ؟

هي البلوغ والعقل والقدرة

س/ كيف يتحقق البلوغ عند البنت ؟

يتحقق في البنت بإكمال تسع سنوات هجرية

مايعادل ثمان سنوات و ثمانية اشهر و عشرون يوما ميلاديةتقريباً

أنا بتول ولقد أكملت
٩
سنوات هجرية

التقليد

من الأمور التي يجب على المكلفة العمل بها **التقليد**

س/ فما هو التقليد؟

هو العمل طبقاً لفتوى المجتهد الجامع (للشرائط) ؛ فيجب عليك أيتها المكلفة أن تهتمي بمعرفة من تقلدين من المراجع حتى تكون أعمالك صحيحة، فالعمل بدون تقليد باطل.فيجب على المكلفة اختيار مرجع التقليد

س / كيف أفهم التقليد بمثال بسيط؟

إن لكل علم مختصالطبيب يعالج الأمراض ,وليس كل طبيب أيضا قادر علي معالجة كل مرض ,فطبيب الأسنان غير قادر على أن يقوم بعملية للقلب ,لأنه متخصص في طب الأسنان لا في القلب, وحتى الأسنان هناك عدة تخصصات لكل مرض يتعلق بالأسنان

من هنا نفهم أيضاً أن لعلوم الدين متخصصين, نذروا حياتهم في البحث والتدقيق ومعرفة الأحكام الشرعية من أصولها وهم المراجع أو المجتهدين. وبما أننا لسنا متخصصين فنعود لهم في كل مايتعلق بالأحكام الشرعية , وهذا الرجوع لهم يسمى **التقليد**وهو أن نقلدهم كل أعمالنا الشرعية وفقا لما جاء في رسائلهم العملية ونبرئ ذمتنا أمام الله

بتحميلهم أعمالنا التي نعمل بها وفقاً لفتواهم

س/ ما حكم عمل المكلّفة بغير تقليد؟

عمل البنت المكلفة بلا تقليد باطل

التقليد : كالقلادة فأنا علقت كل أعمالي على عمل المرجع المجتهد

بسم الله الرحمن الرحيم

سنتعلم في هذا الفصل الوضوء وكفيته

عن الامام الرضا (عليه السلام) قال :(إنما أمر بالوضوء وبدئ به لأن يكون العبد طاهرا إذا قام بين يدي الجبار عند مناجاته إياه، مطيعا له فيما أمره، نقيا من الأدناس والنجاسة، مع ما فيه من ذهاب الكسل، وطرد النعاس، وتزكية الفؤاد للقيام بين يدي الجبار) عيون أخبار الرضا:ج٢،ص ١٠٤ .

الفصل الثاني

الوضوء

نواقض الوضوء

مستحبات الوضوء وآدابه

الوضـوء

لقد أمرنا الله سبحانه وتعالى بالوضوء لأداء الصلاة الواجبة والمستحبة , قال تعالى:

(يَا أَيُّهَا الَّذِينَ آمَنُواْ إِذَا قُمْتُمْ إِلَى الصَّلاةِ فاغْسِلُواْ وُجُوهَكُمْ وَأَيْدِيَكُمْ إِلَى الْمَرَافِقِ
وَامْسَحُواْ بِرُؤُوسِكُمْ وَأَرْجُلَكُمْ إِلَى الْكَعْبَينِ) سورة المائدة أية ٦

الوضوء يتكون من

غسلتان و **مسحتان**

غسل الوجه واليدين

مسح الراس والرجلين

مالمقصود بكلمتي الغسل والمسح؟

الغسل
استخدام كمية من الماء الخارجي

المسح
برطوبة الماء الموجودة أساسا في الكف

شرائط الوضوء

١- النية: بأن تكون قاصدةً القربة إلى الله تعالى .

٢- طهارة ماء الوضوء .

٣- أن يكون الماء مطلقاً: أي غير مضاف إلى الماء شيءٍ بحيث يسلب عنه اسم الماء.

٤- أن يكون الماء مباحاً: أي غير مغصوب.

٥- أن تباشر المكلفة أفعال الوضوء بنفسها: أي أن تتوضأ المكلفة بنفسها.

٦- الترتيب بين الأعضاء: بأن تغسل المكلفة الوجه أولاً ثم اليد اليمنى ثم اليسرى ثم تمسح الرأس ثم الرجلين .اليمنى أولا باليد اليمنى واليسرى باليد اليسرى.

٧- الموالاة بين أفعال الوضوء: وهو غسل كل عضو أو مسحه قبل أن تجف الأعضاء السابقة عليه فإذا أخرت المكلفة المسح حتى جفت جميع الأعضاء السابقة بطل الوضوء.

٨- طهارة أعضاء الوضوء.

٩- عدم وجود مانع من استعمال الماء: كمرض يضر استعمال الماء به.

1
ماذا تفعلين؟
سأتوضأ للصلاة

2
غير نجس

3
MILK

4
سآخذه رغما عنك

5
هل أساعدك للوضوء؟

6
1- غسل الوجه
2- غسل اليد اليمنى
3-غسل اليد اليسرى
4- مسح الرأس
5- مسح الرجلين

7
لقد جف ماء وجهي لانني
اجريت اتصالا

8
الدم غير طاهر

9
مسح قدمي بالماء
يضر بجرحي

كيفية الوضوء

يجب الوضوء قبل الصلاة. وتبدئين بالنية قاصدةً القربة لله تعالى.
والنية: أن تقصدي الفعل ويكون الباعث أمر الله تعالى.
توجد في الوضوء أفعال مستحبة وأخرى واجبة.

● يعني واجب ● يعني مستحب

أولاً: التسمية عند وضع اليد في الماء.

ثانياً: غسل الكفين.

ثالثاً: المضمضة والاستنشاق.

رابعاً:غسل الوجه/ من قصاص الشعر إلى نهاية الذقن (طولاً) وما اشتملت عليه الأصابع الوسطى والإبهام (عرضاً) مبتدئةً من أعلى إلى أسفل.

خامساً: غسل اليد اليمنى/ من المرفق إلى أطراف الأصابع غسلاً كاملاً لظاهر اليد وباطنها.

سادساً: غسل اليد اليسرى/ من المرفق إلى أطراف الأصابع غسلا كاملا لظاهر اليد وباطنها

سابعاً: مسح مقدم الرأس/ وهو ما يقا رب ربعه مما يلي الجبهة بما بقي من بلة اليداليمنى و الأحوط استحباباً أن يكون بمقدار ثلاثة أصابع مضمومة (عرضا) وإصبع واحد (طولاً).

2+1
بسم الله الرحمن الرحيم

3

ما اشتملت عليه الأصابع
الإبهام
عرضاً
الوسطى
قصاص الشعر
4
طولاً
نهاية الذقن

6+5
أطراف الأصابع
المرفق

ثلاثة أصابع مضمومة
وإصبع واحد
عرضاً
طولاً
7

8
المفصل
أطراف الأصابع

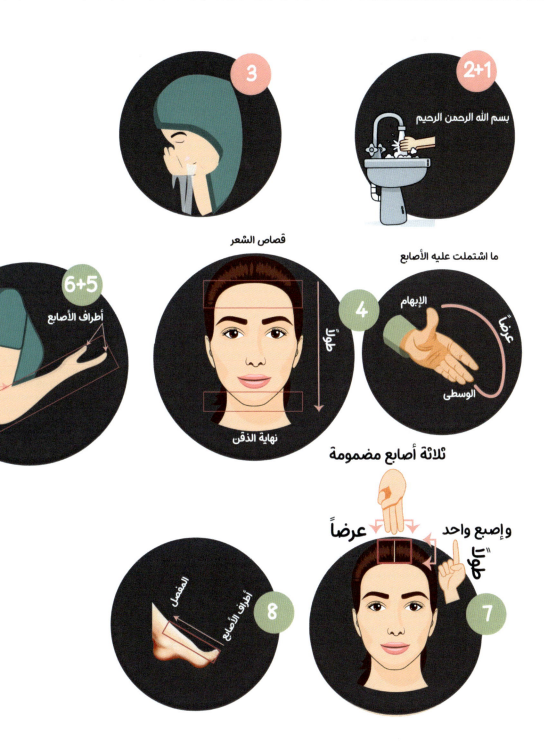

ثامناً: مسح ظاهر القدم اليمنى/ ببلل باطن الكف اليمنى من أطراف الأصابع حتى المفصل.

تاسعاً: مسح ظاهر القدم اليسرى/ ببلل باطن الكف اليسرى من أطراف الأصابع وحتى المفصل.

يجب أن تكون أعضاء الوضوء جافة قبل غسلها أو مسحها.

رسوم توضيحية للوضوء

الوضوء غسلتان ومسحتان

غسل الوجه و اليدين

ومسح الرأس والرجلين

غسل الوجه

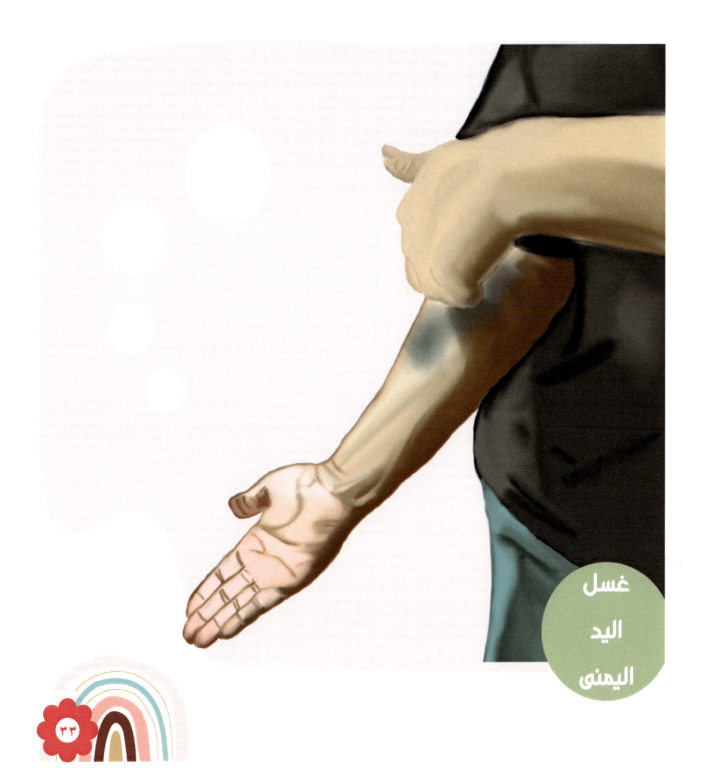

غسل اليد اليمنى

٣٣

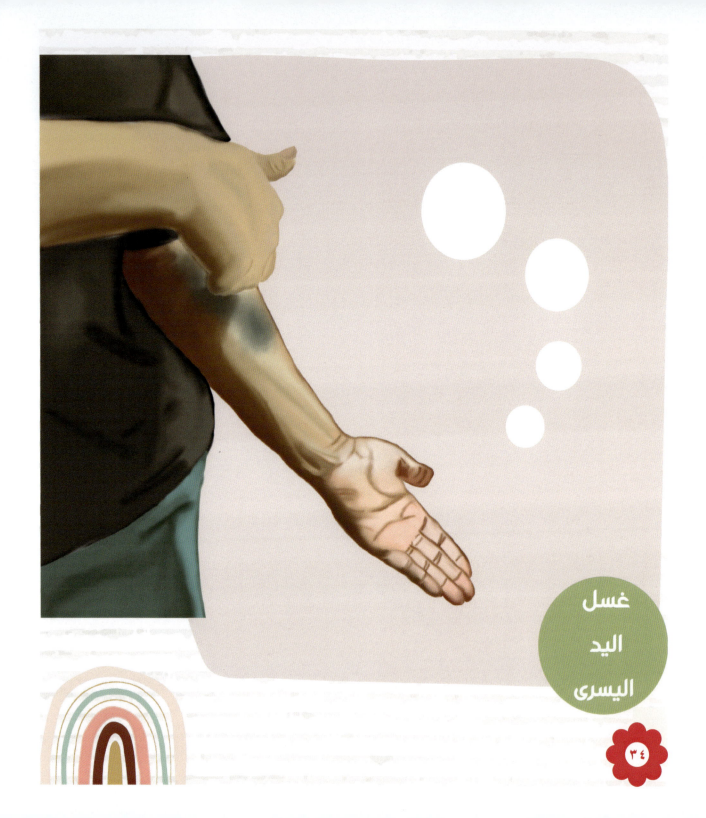

غسل اليد اليسرى

مسح مقدم الرأس

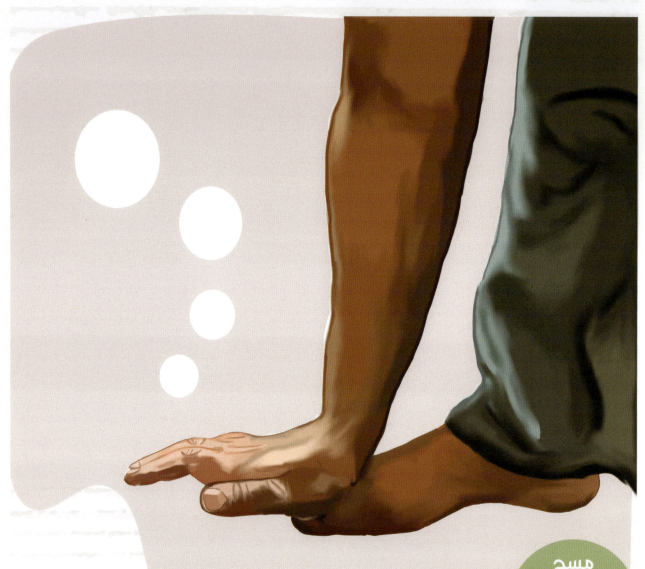

مسح ظاهر القدم اليمنى

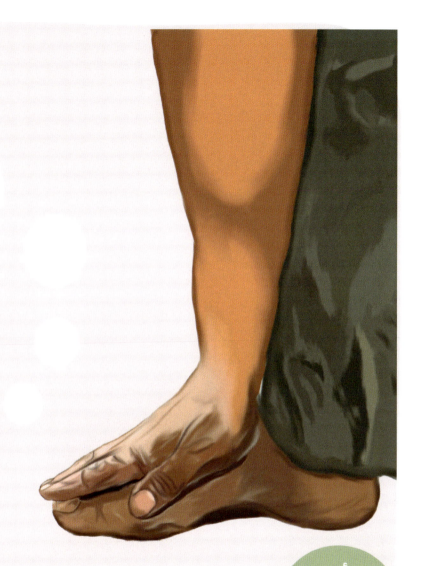

من أطراف الأصابع حتى المفصل

مسح ظاهر القدم اليسرى

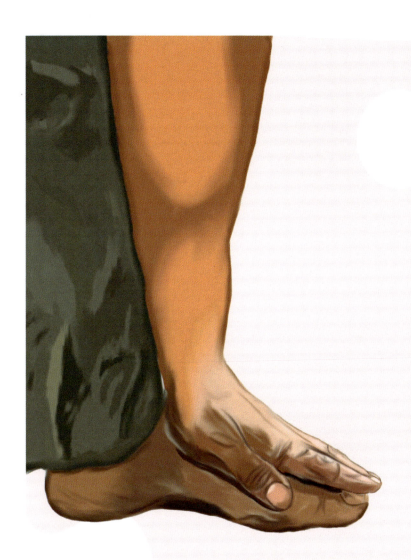

من أطراف الأصابع حتى المفصل

نوا قض الوضوء

نواقض الوضوء سبعة:

١- خروج البول.

٢- خروج الغائط.

٣- خروج الريح .

٤- النوم الغالب على حاستي السمع والبصر.

٥- كل ما يزيل العقل كالإغماء والسكر.

٦- الاستحاضة القليلة والمتوسطة والكثيرة.

٧- كل ما يوجب الغسل كالجنابة والحيض.

4
1
2
3
6
5
EXPLOSIVE
7

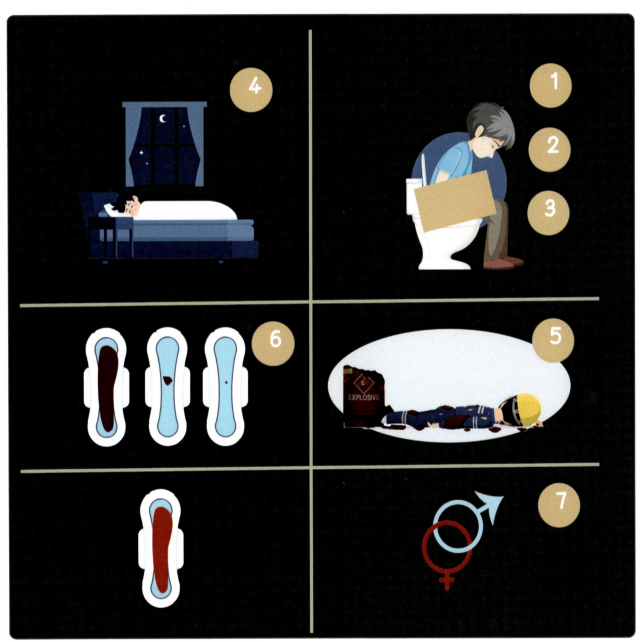

مستحبات الوضوء وآدابه

نواقض الوضوء سبعة:

١- البسملة والصلاة على محمد وآل محمد عند غسل الكفين بالماء.

٢- يستحب البدء بالاستياك قبل الوضوء: فإنه يطهر الفم ، ويزيل البلغم ، ويقوي الذاكرة ، ويزيد الحسنات ، ويرضي الرب تعالى. والصلاة- مع الاستياك أو ما يقوم مقام السواك الآن كالفرشاة ومعجون الأسنان- ركعتين أفضل من سبعين ركعة بدونه.

٣- الجلوس عند الوضوء مستقبلاً القبلة.

٤- يستحب عند النظر إلى الماء أن تقولي :"الحمد لله الذي جعل الماء طهوراً ولم يجعله نجساً"

٥- وعند غسل الكفين بالماء: " بسم الله وبالله اللهم اجعلني من التوابين واجعلني من المتطهرين "

٦- عند المضمضة: "اللهم لقني حجتي يوم ألقاك وأطلق لساني بذكراك "

٧- عند الاستنشاق : "اللهم لا تحرم علي ريح الجنة واجعلني ممن يشم ريحها وروحها وطيبها "

٤٢

١ عند البدء
بسم الله الرحمن الرحيم اللهم صل على محمد وآل محمد

٢ تنظيف الأسنان
«اللهم بيض وجهي يوم تسود فيه الوجوه ولا تسود وجهي يوم تبيض فيه الوجوه»

٣ استقبال القبلة

٤ عند النظر للماء
«الحمد لله الذي جعل الماء طهوراً ولم يجعله نجساً» 

٥ عند غسل الكفين
«الحمد لله الذي جعل الماء طهوراً ولم يجعله نجساً»

٦ عند المضمضة
«اللهم لقني حجتي يوم ألقاك وأطلق لساني بذكراك»

٧ عند الاستنشاق
«اللهم لا تحرم علي ريح الجنة واجعلني ممن يشم ريحها وروحها»

٤٣

٨- عند غسل الوجه : " اللهم بيض وجهي يوم تسود فيه الوجوه ولا تسود وجهي يوم تبيض فيه الوجوه "

٩- عند غسل اليد اليمنى:" اللهم أعطني كتابي بيميني والخلد في الجنان بيساري وحاسبني حساباً يسيراً "

١٠- عند غسل اليد اليسرى تقولين :" اللهم لا تعطني كتابي بشمالي ولا من وراء ظهري ولا تجعلها مغلولة إلى عنقي وأعوذ بك من مقطعات النيران "

١١- عند مسح الرأس تقولين :" اللهم غشني رحمتك وبركاتك "

١٢- عند مسح الرجلين تقولين : " اللهم ثبتني على الصراط يوم تزل فيه الأقدام واجعل سعيي فيما يرضيك عني يا ذا الجلال والإكرام "

١٣- عند الفراغ من الوضوء:" اللهم إني أسألك تمام الوضوء وتمام الصلاة وتمام رضوانك والجنة "

١٤- وأيضاً:" الحمد لله رب العالمين" وقراءة سورة القدر ثلاث مرات.

١٥- استعمال الطيب: بالنسبة للمرأة داخل البيت عند الانتهاء من الوضوء والشروع في الصلاة.

٨ عند غسل الوجه	٩ عند غسل اليد اليمنى	١٠ عند غسل اليد اليسرى
« اللهم بيض وجهي يوم تسود فيه الوجوه ولا تسود وجهي يوم تبيض فيه الوجوه »	« اللهم أعطني كتابي بيميني والخلد في الجنان بيساري وحاسبني حساباً يسيراً »	« اللهم لا تعطني كتابي بشمالي ولا من وراء ظهري ولا تجعلها مغلولة إلى عنقي وأعوذ بك من مقطعات النيران »

١١ عند مسح الرأس	١٢ عند مسح الرجلين	١٣ عند الفراغ من الوضوء
« اللهم غشني رحمتك وبركاتك »	«اللهم ثبتني على الصراط يوم تزل فيه الأقدام واجعل سعيي فيما يرضيك عني يا ذا الجلال والإكرام »	« اللهم إني أسألك تمام الوضوء وتمام الصلاة وتمام رضوانك والجنة »

١٤ عند الفراغ من الوضوء	١٥ استعمال الطيب
«الحمد لله رب العالمين» وقراءة سورة القدر ثلاث مرات.	بالنسبة للمرأة داخل البيت عند الانتهاء من الوضوء والشروع في الصلاة.

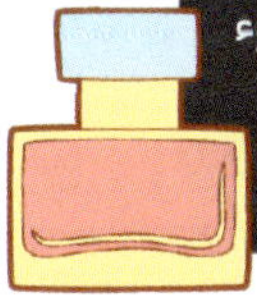

٤٥

بسم الله الرحمن الرحيم

سنتعلم في هذا الفصل التيمم وكفيته

يسر الله سبحانه وتعالى للإنسان المسلم أمور الطهارة في حالة عدم وجود الماء للصلاة وإقامة العبادات. ففي حالة عدم وجود الماء أتيح التيمم. قال تعالى: (فلم تجدوا ماءً فتيمموا)

الفصل الثالث

التيمم

متى يجب؟

كيفيته

التيمم

قال تعالى:

(وَإِن كُنتُم مَّرْضَى أَوْ عَلَى سَفَرٍ أَوْ جَاء أَحَدٌ مِّنكُم مِّن الْغَآئِطِ أَوْ لاَمَسْتُمُ النِّسَاء فَلَمْ تَجِدُواْ مَاء فَتَيَمَّمُواْ صَعِيداً طَيِّباً فَامْسَحُواْ بِوُجُوهِكُمْ وَأَيْدِيكُمْ إِنَّ اللّهَ كَانَ عَفُوّاً غَفُورا) سورة النساء أية ٤٢

متى يجب التيمم ؟

إذا لم تجدي الماء الكافي للوضوء أو الغسل، أولم تتمكنين من استعماله لمرض أوغيره.
.فيجب عليك التيمم

يجب عند تحقق ما يلي:

١- **فقدان أقل الماء** الكافي للوضوء

٢- **عدم تيسر الوصول إلى الماء** لشلل أو حصول محرم كأن يكون الإناء مغصوباً أو للخوف من حيوان مفترس ـ مثلاً ـ

٣- **خوف العطش على النفس أو أي شخص آخر** حتى على الحيوان الذي يهمك كأن يكون الماء قليلاً مثلاً

٤- **ضيق الوقت** بحيث لا يسع للوضوء والصلاة

٥- **إذا كان الماء موجباً للحرج والمشقة** بأن يسبب لك الذل والهوان حتى تتملكيه وتتوضئين منه

٦- **إذا كان عليك واجب آخر تصرفين الماء فيه** كتطهير المسجد من النجاسة

٧- **خوف الضرر من استعمال الماء** كأن يسبب مرضاً أو يزيد من المرض أو يطيل شفاءه

١ لا يوجد ماء أصلا

٢ عدم تيسر الوصول

٣ خوف العطش

الماء قليل يكفي لأن أروي عطشي وعطش أخي و قطتي فقط.

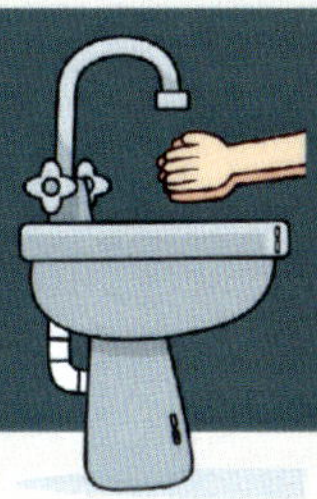

٤ ضيق الوقت

أريد أن أصلي صلاة الصبح وستشرق الشمس بعد ٣ دقائق ولا يكفي الوقت للوضوء والصلاة معا يجب أن أتيمم.

٥ الحرج والمشقة

٦ واجب آخر فوري

أخي الصغير أحدث نجاسة (البول) ونحن نصلي بالمسجد ولايوجد ماء، فقط لدينا القليل الذي يكفي لتطهير النجاسة فورا.

٧ خوف الضرر

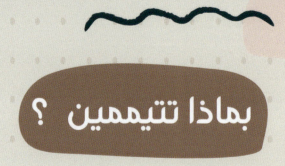

بماذا تتيممين ؟

التيمم بـما يسمى أرضاً من تراب أو رمل أو مدر أو حصى أو صخر حتى الجص والنورة قبل الإحراق. ولابد أن يكون سطح هذه الاشياء جافا وطاهرا ويوجد به غبار.

كيفية التيمم

انزعي الحائل من الكفين والوجه مثل الخاتم والصبغ وأثر المزيل.

١- اضربي بباطن الكفين معاً على الأرض: ضربة واحدة بدفعة واحدة

٢- امسحي بباطن الكفين على الجبهة والجبين: من قصاص الشعر إلى الحاجبين وطرف الأنف الأعلى

٣- امسحي ظاهر الكف الأيمن: بباطن الكف الأيسر من الزند إلى أطراف الأصابع

٤- امسحي ظاهر الكف الأيسر: بباطن الكف الأيمن من الزند إلى أطراف الأصابع

رمل

الحصى

الصخور

الجص

رخام مغبر

بطانية مغبرة

1
2
3
4

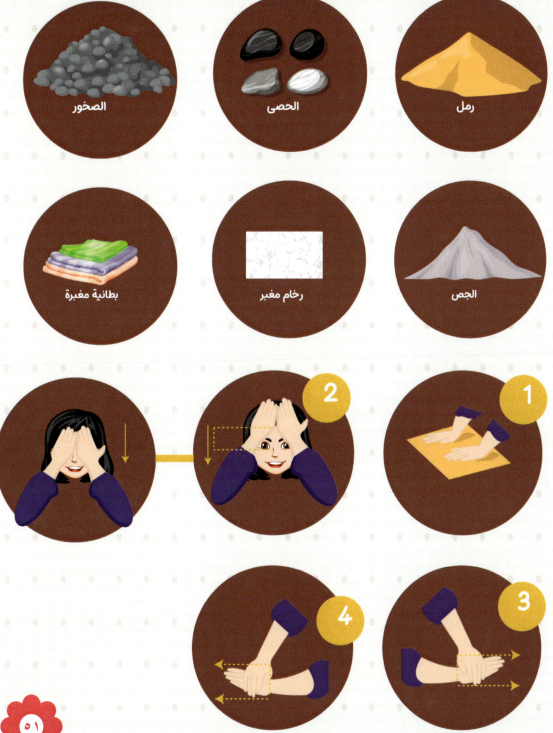

بسم الله الرحمن الرحيم

سنتعلم في هذا الفصل الغسل وكفيته

يسر الله سبحانه وتعالى للإنسان وفي أي حالة يجب أن نغتسل وماهي أنواع الغسل وهل هناك أغسال خاصة بالمرأة فقط؟

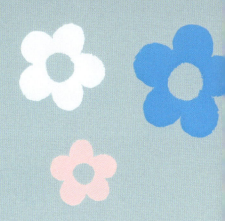

الفصل الرابع

الغسل
أنواعه
كيفيته

الغسـل

موجبات الغسل ستة:

1. الجنابة
2. الحيض
3. النفاس
4. الاستحاضة
5. مسّ الميت
6. الموت

أنواع الغسل:

1. ارتماسي
2. ترتيبي

النية: تكون مقارنة للغسل و النية لا تلفظ وإنما تكون قلبية .

مثلاً: نيتها قلبياً أن تغتسل عن "الحيض" ارتماساً قربة إلى الله تعالى.

كيفية الغسل الإرتماسي

وهو على نحوين :

لا تنسي النية
قربة لله
تعالى.
مع طهارة
الماء.

١ دفعي

٢ تدريجي

الغسل الإرتماسي الدفعي:

هو تغطية الماء لمجموع البدن وستره لجميع أجزائه ، وهو أمر دفعي يعتبر الانغماس التدريجي مقدمة له.

الغسل الإرتماسي تدريجي:

هو غمس البدن في الماء تدريجاً مع التحفظ فيه على الوحدة العرفية ، فيكون غمس كل جزء من البدن جزءاً من الغسل لا مقدمة له كما في النحو الأوّل ، ويصحّ الغسل بالنحو الثاني كالأوّل.

ويعتبر في الثاني أن يكون كل جزء من البدن خارج الماء قبل رمسه بقصد الغسل ، ويكفي في النحو الأوّل خروج بعض البدن من الماء ثم رمسه بقصد الغسل.

دفعي: أن يُسقَط الجسم كاملا ودفعة واحدة في الماء.

تدريجي: إنزال الجسم بشكل متدرج الى أن يغطيه الماء كاملا.

كيفية الغسل الترتيبي

١. غسل الرأس والرقبة وشيء مما يتصل بها من البدن.
٢. غسل الطرف الأيمن وشيء مما يتصل به من الرقبة ومن الطرف الأيسر.
٣. غسل الطرف الأيسر وشيء مما يتصل به من الرقبة ومن الطرف الأيمن.

لا تنسي النية قربة لله تعالى. مع طهارة الماء.

لا تنسي أن تغسلي أذنك ولاتحتاجي لغسلها من الداخل.

بعض المراجع يرى أنه بعد غسل الرأس والرقبة. غسل الجسم كاملاً بدون ترتيب بين الجزء الأيمن والأيسر. فعليك معرفة ذلك من رسالة مرجعك.

١
٢
٣

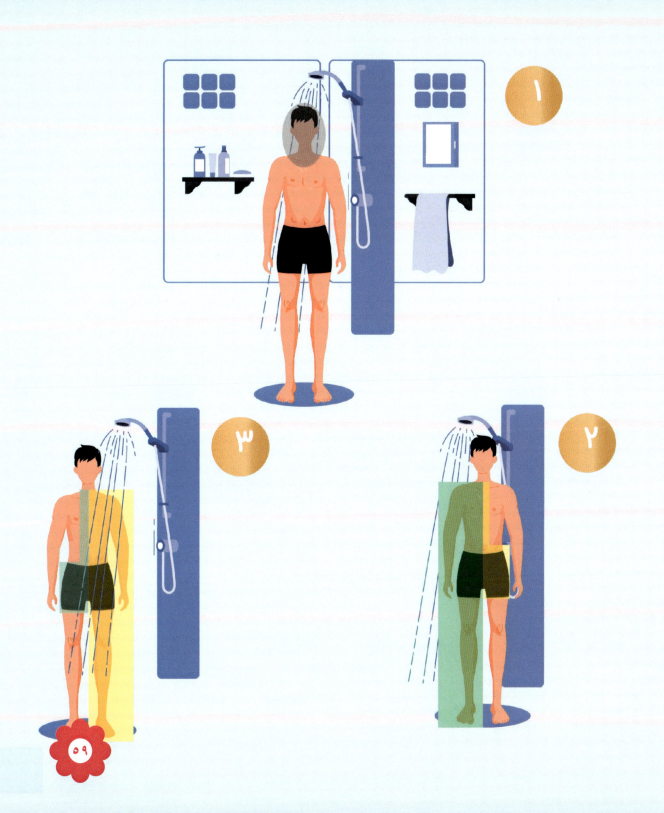

معنى هذه الأغسال

١- غسل الجنابة؟
خروج رطوبة ناشئاً عن الشهوة , ومرافقاً لها يحكم بكونها منياً وتوجب الجنابة.

٢- غسل الحيض؟
هو دم يخرج من فرج المرأة كل شهر مرة غالباً.

٣- غسل النفاس؟
هو دم يخرج من فرج المرأة أثناء الولادة.

٤- غسل الاستحاضة؟
هي كل ما ليس بدم حيض و لا نفاس و لا جرح ولا قرح.

٥- غسل مسّ الميت؟
يجب عند لمس جسد الميت بعدما يبرد وقبل تغسيله , مع ملامسة جسده وليس ثيابه أو قماش فوقه.

٦- غسل الميت؟
هو غسل يغسل لأجله الميت بعد وفاته.

ثلاثة من هذه الأغسال لاتخص الرجل وهي خاصة بالمرأة فقط

غسل الحيض

غسل النفاس

غسل الاستحاضة

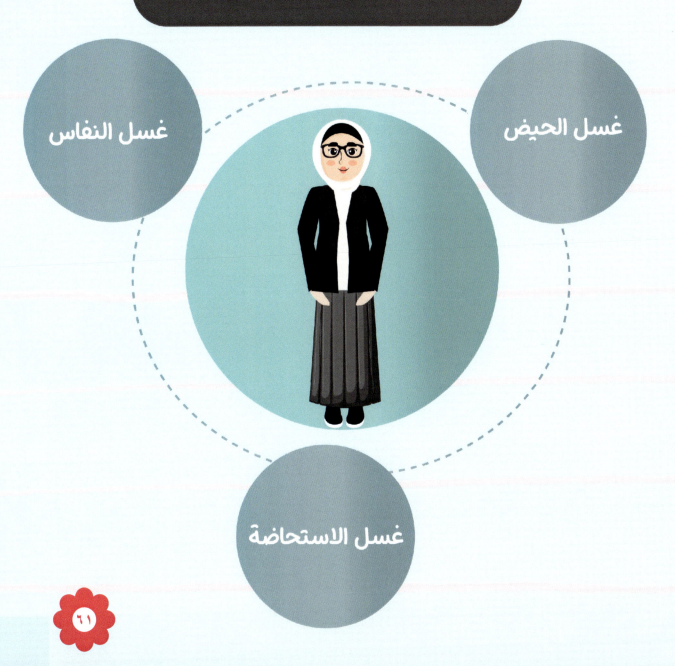

بسم الله الرحمن الرحيم
سنوضح في هذا الفصل موضوع خطير جداً على المستوى الديني والشخصي والإجتماعي, ولربما يجهل الكثير حكمه الشرعي ومايترتب عليه من غسل واجب, بالإضافة لأضراره الصحية على الإنسان و هو موضوع "العادة السرية"

الفصل الخامس

العادة السرية

العادة السرية

حرام

ماهي الاستمناء أو العادة السرية؟

العادة: هو نمط معتاد ومتكرر.

سرية: خفية عن الآخرين , وسرية كونها ممارسة خاطئة غير مرغوب أن يكتشفها أحد.

والعادة السرية أوالاستمناء أو «الخضخضة»: عبارة عن حالة من الاستثارة الجنسية التي يتعرض لها الشخص عند لمس أعضائه التناسلية. والإستمرار عليها يسبب الادمان. وهي تعمد إخراج المني أو نزول السائل الناشئ عن الشهوة.

هل ورد هذا في أحاديث أهل البيت عليهم السلام؟

الجواب: نعم و إليك بعض ما ورد:

- **سئل الصادق عليه السلام عن الخضخضة فقال:** «إثم عظيم قد نهى الله تعالى عنه في كتابه، وفاعله كناكح نفسه، ولو علمت من يفعل ما أكلت معه، فقال السائل: فبين لي يابن رسول الله، من كتاب الله نهيه، فقال: قول الله: **(فمن ابتغى وراء ذلك فأولئك هم العادون) وهو ما وراء ذلك»**
- **قال النبي صلى الله عليه وسلم عليه وآله:** «ناكح الكف ملعون»
- **عن أبي بصير قال: سمعت أبا عبد الله (ع) يقول: «**ثلاثة لا يكلمهم الله يوم القيامة ولا ينظر اليهم ولا يزكيهم ولهم عذاب اليم: الناتف شيبه، والناكح نفسه، والمنكوح في دبره**».**

قال النبي ﷺ عليه وآله:

ناكح الكف ملعون

عن أبي بصير قال: سمعت أبا عبد الله (ع) يقول:

ثلاثة لا يكلمهم الله يوم القيامة ولا ينظر اليهم ولا يزكيهم ولهم عذاب اليم: الناتف شيبه، والناكح نفسه، والمنكوح في دبره

من بين أسبابه:

مشاهدة وتخيل مناظر محرمة .

العبث في الأعضاء التناسلية بنفسه ويسمى في الروايات "ناكح نفسه"

حكمه الشرعي:

حرام, ويوجب غسل الجنابة.

وهو مبطل للصيام. وفي بعض صور الحج.

ويجب التوبة منها, لأنها ذنب.

مثال:

فتاة مارست العادة السرية لـ٣ سنوات ولم تعلم بالحكم **جهلا أو عمدا**

يجب عليها إعادة الصلوات التي صلتها بلا غسل.

من مارست العادة السرية تعتبر أنها مجنبة وجب عليها غسل الجنابة

وقد ارتكبت محرما.

ان السائل الذي يخرج منها عند بلوغ الذروة في التهيج الجنسي بحكم المني في الرجل فيوجب نزوله منها الجنابة .

هل كل الجنابة حرام؟

الإحتلام : لا إرادي ولكن يجب فيه الغسل.

الإستمناء أو العادة السرية: حرام ويجب الغسل.

الزنا: حرام ويجب الغسل, وهو كبيرة من كبائر الذنوب.

بين الزوجين: حلال , ويجب الغسل.

توقفي
لا تقربي هذا الطريق
قراءة الكتب أو رؤية الأفلام
المثيرة للشهوة (غير جائز)
لا تحرم قراءة الكتب أو رؤية الأفلام إذا لم
تؤد لمحرم.

مقترحات العلاج

١-الاستعانة بالله, والتوكل عليه والدعاء.

٢-تلقين النفس بالقدرة على ترك هذه العادة و التخطيط لاقتلاعها.

٣-تذكري انك عصيت الله بنعمته التي انعم بها عليك.

٤-استشعري أنك في محضر الله.

٥-إبعاد الأشياء المثيرة للشهوة.

٦-ترك أصدقاء السوء.

٧-شغل أوقات الفراغ, الرياضة.

٨-تقليل بعض المأكولات المثيرة للشهوة.

وصايا الحمام:

١-عدم الإطالة في الحمام.

٢-ذكر الله بقراءة "آية الكرسي"

٣-التقليل من النظر للجسم في المرآة.

٤-السرعة في تنظيف المناطق الحساسة.

٥-ارتداء الملابس وعدم التعري.

وصايا الفراش:

١-يستحب الوضوء قبل النوم و قراءة الاذكار.

٢-كراهية النوم لوحده ويفضل الذهاب للنوم في السرير بعد النعس الشديد.

٣-تجنبي النوم وانت متعرية لأنها فرصة للشيطان وتجنبي النوم بملابس ضيقة.

استشعري أنك في محضر
الله -عز وجل-

الاستعانة بالله، والتوكل
عليه والدعاء.

الزواج:

فإن رسول الله (ص) قال: (يا معشر الشباب من استطاع منكم الباه فليتزوج، فإنه أغض للبصر، وأحصن للفرج..).
ومن هنا على الوالدين التعجيل بزواج أبنائهم، وعدم التعلّل بأشياء بسيطة غير مهمة، لذلك ورد في الأحاديث من حقّ الولد على الوالد تزويجه اذا بلغ.

الصوم:

في مضمون بعض الأحاديث الشريفة أن الصوم يقطع الشهوة وهذا ثابت عقلاً ونقلاً وكذلك في تكملة الحديث المذكور أعلاه: (.. ومن لم يستطع فليصم، فإن الصوم له وجاء). أي يحفظه من الوقوع في الحرام.

عدم إضاعة الصلاة:

إن الشاب حتى لو كان كثير الشهوة والباه، فمراقبته للصلاة هي التي تصونه وتحفظه، وكما ذكرنا فُسّر عدم إضاعة الصلاة بأدائها في وقتها.

عدم التخم في الأكل والشرب:

أي عدم الإكثار من الأكل والشرب فإن التخم إضافة إلى أنه يفسد البدن ويكسل الروح عن العبادة، فإنه يهيج الشهوة وهذا ما على الشاب و الشابة أن يحذروا منه.

فإن رسول الله (ص) قال: (يا معشر الشباب من استطاع منكم الباه فليتزوج، فإنه أغض للبصر، وأحصن للفرج..)

(.. ومن لم يستطع فليصم، فإن الصوم له وجاء)

هل العادة السرية تضرك؟

نعم، تسبب إلتهابات وإحتقانات في الجهاز التناسلي، و ضعف بنية و إنهاك، و ضعف الذاكرة وتشتت الذهن، وحالة شعور بالذنب , وتسبب إنعدام الثقة في النفس...

س / متى يحكم على الرطوبة الخارجة بأنها موجبة لغسل الجنابة؟

إذا صاحب المرطوبة:

١ الشهوة

٢ فتور الجسم

٣ الدفق

> أي واحدة من هذه العلامات منفردة أو مجتمعة هي موجبة للجنابة
> الشهوة
> الدفق
> فتور الجسم

بسم الله الرحمن الرحيم
سنتعلم في هذا الفصل عن الصلاة
فالصلاة عماد الدين وهي أول شيء سيسأل عنه بعد الموت
فإن قبلت الصلاة قبل ماسواها وإن ردت رد ماسواها
والصلوات الواجبة على المسلم في اليوم خمس صلوات وعدد ركعاتها كالآتي
٢- الصبح ٤ - الظهر ٤- العصر ٣-المغرب ٤- العشاء

الفصل السادس

الصلاة

الصـلاة

قال تعالى:

(فَأَقِيمُواْ الصَّلاَةَ إِنَّ الصَّلاَةَ كَانَتْ عَلَى الْمُؤْمِنِينَ كِتَاباً مَّوْقُوتاً) سورة النساء آية: ١٠٣

إن الصلاة عمود الدين إن قبلت قبل ما سواها وان ردت رد ما سواها، وهي الصلة بين العبد وربه، والصلاة واجبة على كل مسلم ومسلمة خمس صلوات في اليوم والليلة

أقسام الصلاة اثنان :

١ واجبة وهي ٦ صلوات

٢ مستحبة

كالنوافل اليومية وصلاة الليل، وغيرها.

عدد ركعات الصلوت الواجبة:
الصبح ٢
الظهر ٤
العصر ٤
المغرب ٣
العشاء ٤

١-الصلاة اليومية الصبح، الظهر، العصر،المغرب، العشاء.

٢-صلاة الطواف الواجب في الحج والعمرة.

٣-صلاة الآيات الخسوف والكسوف والزلازل والرعد والبرق والصاعقة والصيحة وهبوب الرياح السوداء والحمراء وما شابهها إذا خاف أكثر الناس منها.

٤-قضاء الولد الأكبر مافات من والده من الصلوات.

٥-الصلاة على الميت صلاة الجنازة.

٦-صلاة النذر وهي الصلاة التي تجب بالنذر.

1

2

3

4

5

6

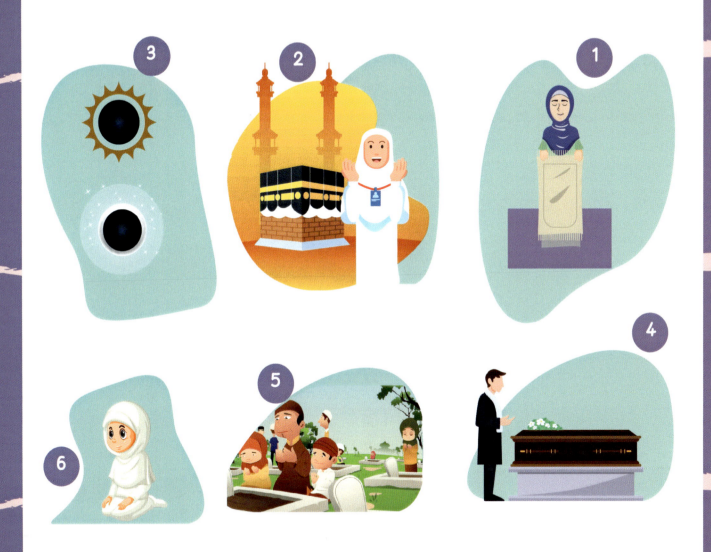

مقدمات الصلاة و أوقاتها

مقدمات الصلاة:

١- أن تعلمين بدخول وقت الصلاة .

٢- أن تستقبلين القبلة .

٣- أن يكون المكان الذي تصلين فيه مباح غير مغصوب .

٤- أن يكون لباسك الذي تصلين فيه طاهراً وحلالاً وساتراً.

٥- أن يكون بدنك طاهراً في الصلاة من الحدث والخبث.

قال الله تعالى:﴿ أَقِمِ الصَّلَاةَ لِدُلُوكِ الشَّمْسِ إِلَى غَسَقِ اللَّيْلِ وَقُرْآنَ الْفَجْرِ إِنَّ قُرْآنَ الْفَجْرِ كَانَ مَشْهُودًا ﴾ سورة الإسراء آية: ٧٨

١- **صلاة الصبح:** وقتها بعد طلوع الفجر الصادق عندما يظهر من جهة المشرق بياض مستطيل يتحرك في الأفق نحو الأعلى " يسمى بالفجر الأول " لا تصح صلاة الصبح في هذا الوقت، أما عندما يأخذ هذا البياض في الامتداد عرضاً (أي يعترض) فحينئذ يكون الفجر الثاني " الصادق" ويكون أول وقت صلاة الصبح - إلى طلوع الشمس.

٢- **صلاة الظهر:** وقتها بعد زوال الشمس إلى غروبها.

٣- **صلاة العصر:** وقتها من الزوال إلى غروب الشمس.

مقدمات الصلاة

وقت صلاة الصبح

الفجر الأول
الفجر الكاذب
X

الفجر الثاني
الفجر الصادق
✓

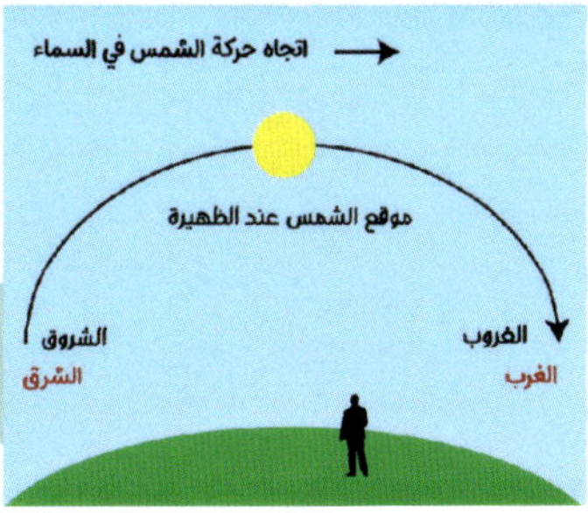

وقت صلاة الظهرين

لكل من صلاتي الظهر والعصر وقت مخصوص، ووقت مشترك بينهما:

الوقت المخصوص بصلاة الظهر: هو من أول الزوال إلى أن ينقضي من الزمان بمقدار أداء صلاة الظهر.

الوقت المخصوص بصلاة العصر: هو ما يبقى من الزمان إلى غروب الشمس بمقدار أداء صلاة العصر فإذا لم يصل أحد صلاة الظهر إلى هذا الوقت صارت قضاء وعليه أن يأتي بصلاة العصر خاصة.

وأما الوقت المشترك بين الظهر والعصر: فهو الزمان الواقع بين الوقت المخصوص بصلاة الظهر والوقت المخصوص بصلاة العصر.

٤- صلاة المغرب: وقتها بعد دخول أول جزء من الليل ويمتد وقتها إلى الليل أي من ذهاب الحمرة المشرقية.

٥- صلاة العشاء: بعد صلاة المغرب إلى نصف الليل.

لكل من صلاة المغرب والعشاء وقت مختص به، ووقت مشترك بين الصلاتين:

الوقت المخصوص بالمغرب: هو من أول المغرب إلى أن يمضي من الزمان بمقدار أداء صلاة المغرب.

الوقت المخصوص بصلاة العشاء: هو ما يبقى بمقدار أداء صلاة العشاء إلى منتصف الليل ، بحيث إذا لم يأت المكلف بصلاة المغرب إلى هذا الوقت وجب أن يأتي بصلاة العشاء أولاً ثم يصلي المغرب .

وأما الوقت المشترك بين المغرب والعشاء: فهو الزمان إلى نصف الليل.

وقت مخصوص | وقت مشترك

وقت صلاة الظهرين

صلاة الظهر

من أول الزوال

صلاة العصر

ما يبقى من الزمان إلى غروب الشمس

مقدار أداء الصلاة | مقدار أداء الصلاة

وقت صلاة العشائين

صلاة المغرب

صلاة العشاء

مقدار أداء الصلاة | مقدار أداء الصلاة

الأذان والإقامة

الأذان
عدد المرات
- الله أكبر ●●●●
- أشهد أن لا إله إلا الله ●●
- أشهد أن محمداً رسول الله ●●
- أشهد أن علياً ولي الله ●●
- حي على الصلاة ●●
- حي على الفلاح ●●
- حي على خير العمل ●●
- الله أكبر ●●
- لا إله إلا الله ●●

الإقامة
عدد المرات
- الله أكبر ●●
- أشهد أن لا إله إلا الله ●●
- أشهد أن محمداً رسول الله ●●
- أشهد أن علياً ولي الله ●●
- حي على الصلاة ●●
- حي على الفلاح ●●
- حي على خير العمل ●●
- الله أكبر ●●
- لا إله إلا الله ●

> يستحب الأذان والإقامة في الفرائض اليومية

واجبات الصلاة

واجبات الصلاة أحد عشر:

- النية
- القيام
- تكبيرة الإحرام
- القراءة
- الركوع
- السجود
- الذكر
- التشهد
- السلام
- الترتيب
- الموالاة

١

" أصلي صلاة ... قربة إلى الله"

٢

٣

(اَللهُ أكبَر)

٤

(بسم الله الرحمن الرحيم)
الحمد لله رب العالمين(١)الرحمن الرحيم(٢)
مالك يوم الدين(٣)إياك نعبد وإياك نستعين(٤)
اهدنا الصراط المستقيم(٥)صراط الذين أنعمت
عليهم غير المغضوب عليهم ولا الضالين(٦)

٥

«سبحان ربي العظيم وبحمده»
أو
«سبحان الله»

٦

سبحان ربي الأعلى وبحمده»
أو
«سبحان الله»

٧

كل عبارة تتضمن ذكر الله...

٨

« أشهد أن لا إله إلا الله وحده لاشريك له، وأشهد أن محمداً عبده ورسوله ، اللهم صل على محمد وآل محمد »

٩

« السلام عليك أيها النبي ورحمة الله وبركاته، السلام علينا وعلى عباد الله الصالحين ، السلام عليكم ورحمة الله وبركاته »

١٠

وهو أن تأتي المكلفة بأفعال الصلاة مرتبة.

١١

وهو أن تأتي المكلفة بأفعال الصلاة متوالية.

كيفية الصلاة

١) النية:

وهو أن تقصدين عنوان عملك قاصدةً به التقرب إلى الله تعالى، مثلاً « أصلي صلاة الصبح قربة إلى الله» ولا يعتبر التلفظ بالنية بل لابد من القصد, وهي أن تقصدين أداء الصلاة قربة إلى الله.

٢) القيام:

وهو أن تؤدين الصلاة وأنت قائمة إلا إذا لم تستطيعين القيام لمرض، وأن تقفين معتدلةً مستقيمةً ووجهك إلى القبلة .

٣) تكبيرة الإحرام:

يستحب – حال التكبير – رفع اليدين بمحاذاة الأذنين مضمومة الأصابع مستقبلَةً بباطنها القبلة.

وصورتها (اَ ُ أكبَر) ويكون قولك لها حال الوقوف ويشترط فيها الاستقرار حال الوقوف ، وتجب الموالاة بين كلمتي» الله أكبر» وكذا يجب أن تقال باللغة العربية الصحيحة .فإذا كبرتي حرم عليك التكلم ، والضحك والأكل والشرب، والالتفات يميناً وشمالاً.

(اَللهُ أكبَر)

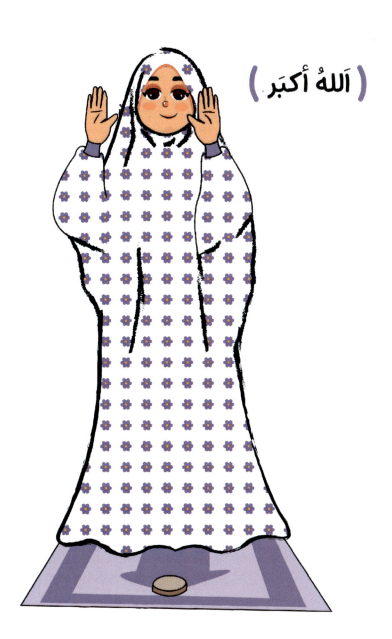

٤) القراءة:

إنزال اليدين بحيث توضع اليد اليمنى على الفخذ الأيمن, واليد اليسرى على الفخذ الأيسر. ثم تقرئين سورة الفاتحة وبعدها سورة كاملة.

وهي أن تقرئين في الركعة الأولى والثانية من كل صلاة سورة الفاتحة ثم سورة أخرى تامة من القران الكريم مثل سورة الإخلاص.

٥) الركوع:

وبعد إكمال قراءة السورة - التي بعد الفاتحة - تنحنين إلى الأمام بقصد الركوع, وبعد تمام الإنحناء قدر ما تصل أطراف الأصابع إلى الركبتين تقولين وانت مستقره في الركوع: " سبحان ربي العظيم وبحمده" مرة. أو تقولين:" سبحان الله " ثلاث مرات. والركوع ركن تبطل الصلاة بتركه وزيادته عمدا او سهوا. وبعد الطمأنينة حال الركوع بقدر الذكر ترفعين رأسك منتصبة معتدلة مستقرة في حالة القيام ويستحب أن تقولي:" سمع الله لمن حمده".*

---

* في العروه الوثقى للسيد اليزدي (الجزء ٢ صفحة ١٥٣), مع تعليقة السيد السيستاني قال:

ذكر بعض العلماء أنه يكفي في ركوع المرأة الإنحناء بمقدار يمكن معه إيصال يديها إلى فخذيها فوق ركبتيها, بل قيل باستحباب ذلك. والاحوط كونها كالرجل في المقدار الواجب من الانحناء, نعم الأولى لها عدم الزياده في الإنحناء لئلا ترتفع عجيزتها.

٦) السجود:

تهوين إلى السجود وكيفيته: أن تضعين الجبهة بقصد السجود – أي التذلل والخضوع لله تعالى-على مكان طاهر من الأرض أو ما تنبت عدا مأكول الآدمي وملبوسه وهذا الشرط لموضع الجبهة فقط دون سائر أعضاء السجود، وهي: موضع الجبهة فلا يجوز وضع الجبهة على الوحل أو التراب الناعم الذي لا تستقر الجبهة عليه. وبعد الطمأنينة تأتين بالذكر وهو: "سبحان ربي الأعلى وبحمده "مرة واحدة أو "سبحان الله" ثلاث مرات.

والواجب من السجود في كل ركعة سجدتان، وهما معا ركن واحد.

وفي السجود تضعين المساجد السبعة على الأرض.

المساجد السبعة

هي: الجبهة، وباطن الكفين، والركبتان، وأطراف إبهاما القدمين.

ملحوظة: إذا أردت رفع أحد أعضاء السجود عدا الجبهة تسكتين إلى أن تضعين العضو المرفوع ثم ترجعين إلى الذكر.

ثم ترفعين رأسك من السجدة الأولى إلى أن تنتصبين جالسةً مطمئنةً فتقولين: " أستغفر الله ربي وأتوب إليه " ثم تسجدين مرة ثانية كالسجدة السابقة ثم ترفعين رأسك من السجدة الثانية إلى أن تنتصبين جالسةً مطمئنةً والسجدتان ركن تبطل الصلاة بنقصانهما معاً.

والى هنا تمت ركعة واحدة.

ثم تقومين بعد الانتصاب جلسة الاستراحة الثانية ويستحب أن تقولين حال القيام " بحول الله وقوته أقوم وأقعد".

«سبحان ربي الأعلى
وبحمده»
أو
«سبحان الله»

" أستغفر الله ربي وأتوب إليه "

«سبحان ربي الأعلى
وبحمده»
أو
«سبحان الله»

" بحول الله وقوته أقوم وأقعد"

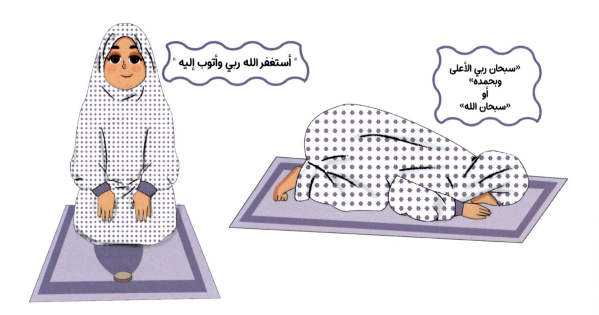

وبعد أن تقفين معتدلةً مستقرةً تقرئين سورة الفاتحة وبعدها سورة من القرآن ويستحب بعد إكمال قراءة السورة التي بعد الفاتحة في الركعة الثانية أن ترفعين باطن كفيك إلى السماء وتقنتين بما تشائين.

مثل: "ربنا آتنا في الدنيا حسنة وفي الآخرة حسنة وقنا عذاب النار اللهم صل على محمد وآل محمد"

ثم تنزلين يديك وتركعين كما ركعتين في الركوع السابق. وبعد تمام الركوع والذكر ترفعين رأسك منتصبةً، ثم تهوين إلى السجود وتسجدين السجدة الأولى وتنتصبين جالسةً مطمئنة، وتسجدين السجدة الثانية كالسجدتين السابقتين. والى هنا تمت ركعتان.

وبعد الانتصاب من السجدة الأخيرة من الركعة الثانية تتشهدين.

٧) الذكر:

وهو كل عبارة تتضمن ذكر الله ــ عزَّ اسمه ــ تعد ذكرا، والصلاة على محمد وآل محمد عليهم السلام من أفضل الأذكار. والتسبيح أو غيره من الأذكار كالتحميد والتكبير والتهليل بقدره، والأحوط اختيار التسبيح.

مثلاً:

أ ـ في الركوع: "سبحان الله" ثلاث مرات، أو "سبحان ربي العظيم وبحمده" مرة واحدة.

ب ــ في السجود: "سبحان الله" ثلاث مرات، أو "سبحان ربي الأعلى وبحمده" مرة واحدة.

ج ــ في الركعة الثالثة والرابعة قبل الركوع وهو قائم: "سبحان الله والحمد لله ولا إله إلا الله والله أكبر" ثلاث مرات.

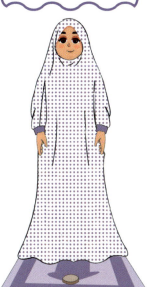

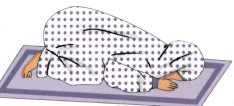

٨) التشهد:

وهو واجب بعد السجدة الثانية من الركعة الثانية من كل صلاة، وبعد السجدة الثانية من الركعة الرابعة في صلاة الظهر والعصر والعشاء وتقولين فيه أثناء الجلوس " أشهد أن لا إله إلا الله وحده لا شريك له، وأشهد أن محمداً عبده ورسوله، اللهم صل على محمد وآل محمد " ويجب فيه الجلوس والطمأنينة وهو واجب وليس ركناً فإذا تركتين التشهد عمداً بطلت الصلاة.

٩) التسليم:

وهو واجب في آخر كل صلاة، ويؤتى به بعد التشهد الأخير في حال الجلوس وهو: " السلام عليك أيها النبي ورحمة الله وبركاته، السلام علينا وعلى عباد الله الصالحين، السلام عليكم ورحمة الله وبركاته ".

١٠) الترتيب:

وهو أن تأتي المكلفة بأفعال الصلاة مرتبة.

١١) الموالاة:

وهو أن تأتي المكلفة بأفعال الصلاة متوالية ولا يكون هناك فراغ بين الأفعال في الصلاة.

من مستحبات الصلاة

🌿 يستحب أن ترفع المكلفة يديها قرب أذنيها مضمومة الأصابع، مستقبلةً بباطنهما القبلة.

🌿 يستحب التكبير للركوع قبل الهوي حال القيام وللسجود كذلك ولرفع الرأس من السجود الأول بعد الجلوس اطمئنانا وللسجود الثاني قبله وبعده كذلك.

🌿 يستحب التكبير ثلاث مرات بعد السلام بأن ترفعين يديك إلى أذنيك ثلاث مرات قائلةً " الله اكبر الله اكبر الله اكبر لا إله إلا الله ".

🌿 يستحب التورك في الجلوس بأن تجلسين على فخذك الأيسر جاعلةً ظهر قدمك اليمنى على باطن اليسرى.

🌿 يستحب الصلاة على محمد وآل محمد في الركوع والسجود ولكنها في التشهد واجبة تبطل الصلاة بتركها عمدا.

🌿 الأفضل إضافة الاستغفار إلى سبحان الله والحمد لله ولا اله إلا الله والله أكبر.

اَللهُ أكبَر

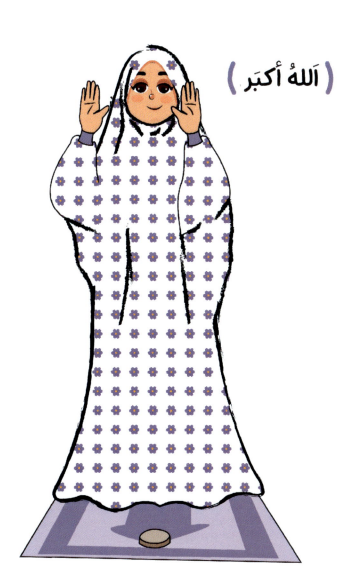

التسبيح بتسبيحه السيدة فاطمة الزهراء "ع" وهي أن تقولين:" (الله اكبر) أ ربعاً وثلاثين مرة، و (الحمد لله) ثلاثاً وثلاثين مرة ، و (سبحان الله) ثلاثاً وثلاثين مرة.

ذكر الأئمة الاثني عشر "ع " قائلةً :

"بسم الله الرحمن الرحيم، اللهم صل على محمد وآل محمد، الله الكريم ربي، والإسلام ديني، والحق يقيني، والصراط مجازي، والحوض شرابي، والقرآن كتابي، والكعبة قبلتي، والقيامة موعدي، والجنة مسكني ومسكن والدي، ووالدي والدي، ومسكن إخواني وأخواتي وأقاربي، وهي مسكن محمد "ﷺ عليه وآله "، الله جل جلاله ربي، ومحمد نبيي، وفاطمة الزهراء سيدتي ومولاتي، وعلي إمامي، والحسن إمامي، والحسين إمامي، وعلي بن الحسين إمامي، ومحمد الباقر إمامي، وجعفر الصادق إمامي، وموسى الكاظم إمامي، وعلي بن موسى الرضا إمامي، ومحمد الجواد إمامي، وعلي الهادي إمامي، والحسن العسكري إمامي، والحجة المهدي ابن الحسن (عجل الله فرجه وسهل مخرجه) إمامي، فهؤلاء أئمتي بهم أتولى، ومن أعدائهم أتبرأ ومن حوضهم أسقى، ومن كفهم أروى، على ذلك أحيا، وعلى ذلك أموت، وبعد الموت ابعث حيا سويا برحمتك يا ارحم الراحمين، وﷺ على محمد وآله الطاهرين"

34 مرة (الله أكبر)
33 مرة (الحمد لله)
33 مرة (الحمد لله)

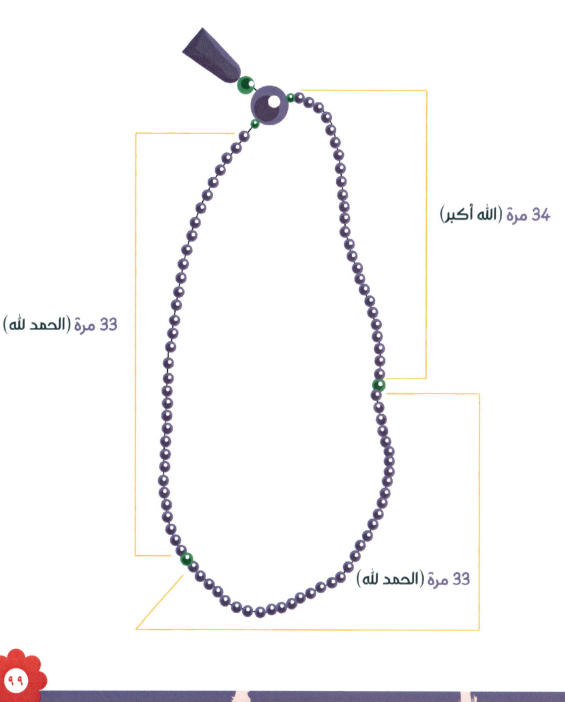

الصلاة الجهرية والاخفاتية

س. ما الجهر في الصلاة وما الاخفات؟

🌿 **الجهر في الصلاة هو:** ظهور جوهر الصوت في سورة الفاتحة والسورة التي تليها، ويكون في صلاة الصبح، والمغرب، والعشاء.

🌿 **الاخفات في الصلاة هو:** إخفاء جوهر الصوت في سورة الفاتحة والسور التي تليها، ويكون في صلاتي الظهر

🌿 أما **التسبيحات في الركعة الثالثة والرابعة: فتكون اخفاتاً في كل الصلوات.**

ملاحظة:

- لا جهر على النساء، بل يتخيرن بينه وبين الاخفات في الجهرية، ويجب عليهن الاخفات في الاخفاتية، ويعذرن فيما يعذر الرجال فيه.

- يستحب الجهر بالبسملة وهي من علامات المؤمن.

الجهر

الاخفات

مبطلات الصلاة

تبطل الصلاة إذا حدث أحد هذه المبطلات التالية:

1/ فقدان أي من الشرائط أو الأجزاء المذكورة السابقة كالنية أو تكبيرة الإحرام أو الانحراف عن القبلة.

2/ الحدث أثناء الصلاة.

3/ ما كان ماحياً لصورة الصلاة كالرقص أو الوثب.

4/ التكلم ولو بحرف واحد مفهما لمعناه مثل:(قِ) من الوقاية ، (رِ)من الرؤية.

5/ الضحك بصوت عال عمدا (القهقهة).

6/ الأكل والشرب أثناء الصلاة.

7/ التكفير وهو وضع إحدى اليدين على الأخرى على البطن في الصلاة في غير تقية

8/ تعمد قول(آمين) بعد الفاتحة في غير تقية

9/ تعمد البكاء لأمر دنيوي ولا تبطل الصلاة إذا كان لأمر أخروي.

10/ ابتداء المصلي بالسلام على شخص، أما رد السلام فواجب بمثله، فلو سلم شخص على المصلي قائلاً: (السلام عليك) فعلى المصلي أن يرد حالاً قائلاً: السلام عليك .

11/ الشك في ركعتي صلاة الصبح، وركعات صلاة المغرب، والركعة الأولى والثانية من صلاة الظهر والعصر والعشاء إذا بقي شكه ولم يرجح عددا على عدد.

بسم الله الرحمن الرحيم

سنتحدث في هذا الفصل عن الصوم

وهو واجب عبادي على كل مسلم

والصوم فيه فائدة لصحة الإنسان و روحه (صوموا تصحوا) كما أنه يقوي إرادتك ولـه فوائد كثيرة, ويجب فيها قصد النية للصوم قربة لله تعالى

الفصل السابع

الصوم

لا يجوز الصوم في هذه الحالات

المعذرون من الصيام

شرائط الصوم

من آداب الصوم

الصـوم

لقد أوجب الله تعالى الصيام على عباده بقوله تعالى:

(يَا أَيُّهَا الَّذِينَ آمَنُواْ كُتِبَ عَلَيْكُمُ الصِّيَامُ كَمَا كُتِبَ عَلَى الَّذِينَ مِن قَبْلِكُمْ لَعَلَّكُمْ تَتَّقُونَ)
سورة البقرة ١٨٣

معنى الصوم :

لغة : الإمساك والكف والترك.

اصطلاحاً : أن تنوين الإمساك عن سائر المفطرات من طلوع الفجر إلى الليل .

المفطرات:

- الأكل.
- الشرب.
- الجماع.
- الكذب على الله تعالى أو على الرسول أو على الأئمة.
- تعمد إدخال الغبار أو الدخان الغليظين في الحلق.
- تعمد البقاء على الجنابة حتى يطلع الفجر.
- إنزال المني.
- الاحتقان بالمائع.
- رمس تمام الرأس في الماء (على المشهور).
- تعمد القيء.

العادة السرية

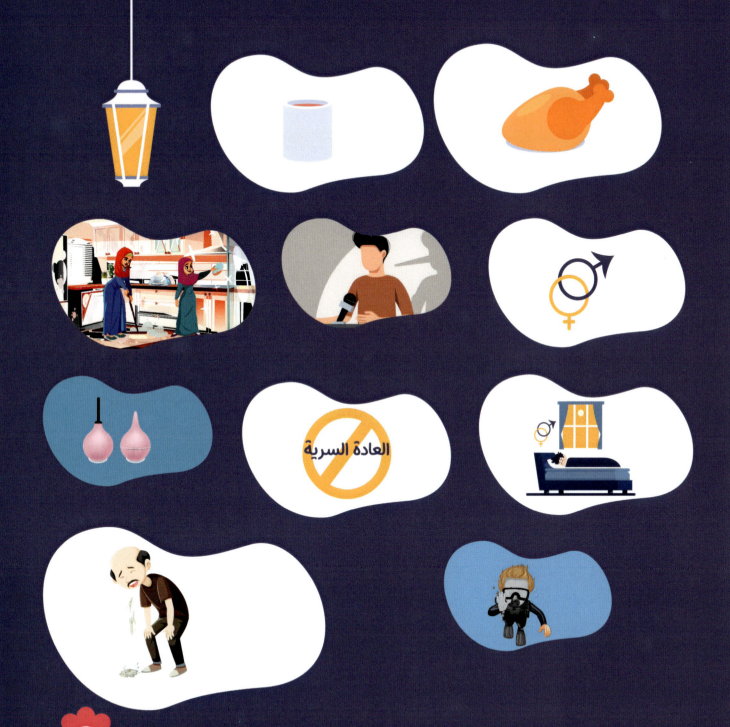

لا يجوز الصوم في هذه الحالات

- المرأة في حالتي الحيض والنفاس.
- السفر.
- تعرض الشخص للضرر الصحي في حالة الصوم.

يجب عليهم قضاء الصوم قبل شهر رمضان القادم - وإذا دخل شهر رمضان ولم يصوموا فعليهم فدية.

المعذورون من الصيام

- كبار السن الذين لا يستطيعون الصيام.
- السيدات الحوامل والامهات المرضعات الخائفات على أنفسهن وعلى الجنين من الضرر.

يجب عليهم دفع الفدية فقط.

تصنيفات لم يصومو في شهر رمضان وأسباب عدم الصيام:

- قادرون على الصيام ولكن لديهم عذر شرعي.
- يجب عليهم الصيام وليسوا معذورين. — يجب عليهم قضاء الصوم قبل شهر رمضان القادم و الكفارة.
- لايستطيعون الصيام مطلقا.

غير قادرين

قادرون ولكن معذورن

غير معذورين

الفدية ٧٥٠ جرام من القمح أو الخبز

الكفارة صيام شهرين متتابعين أو إطعام ٦٠ مسكين لكل يوم

شرائط الصوم

يجب الصيام على من توفرت فيه الشروط التالية:

١- البلوغ

٢- العقل

٣- عدم الضرر من الصوم.

٤- الحضر فلا يجب على المسافر.

٥- عدم الإغماء.

٦- خلو المرأة من الحيض والنفاس.

نية الصوم:

يجتزئ المكلفة الصائمة بنية واحدة لشهر رمضان كله ولا يلزم أن تنوي كل ليلة.

من آداب الصوم

١- الإكثار من قراءة القرآن.

٢- قراءة الأدعية والأذكار.

٣- الإكثار من أعمال البر والخير.

٤- صلة الرحم وزيارة الأصدقاء والجيران.

٥- حفظ اللسان من الكذب والغيبة.

٦- السحور: (تسحروا فإن في السحور بركة)

إذا قطعت المسافة الشرعية في شهر رمضان مالذي يترتب علي بعد شهر رمضان؟
يجب عليك قضاء الصوم

من أكلت أو شربت ناسية وهي صائمة في شهر رمضان أو غير شهر رمضان صح صومها وتمسك عن الصعام أو الشراب فورا إذا تذكرت أنها صائمة و تكمل يومها صائمة ولا يجب عليها القضاء.

هل يجوز بلع الريق في الفم ؟
نعم
القطرة في العين أو الأذن هل تفطر ؟
لا تفطر
ماحكم من تعمد الإفطار في شهر رمضان ؟
يجب عليه قضاء الصيام والكفارة
وهي صوم شهرين متتابعين أو تطعم ٦٠ مسكين.

ملاحظة للغسل
لاتنسي التأكد من إزالة مزيل العرق
من الإبطين بالصابون
حتى لا يكون عازلا للماء

هل العطر يفطر أم لا؟
لا يفطر بل هو مستحب للصائم
هل تفطر السباحة؟
الإرتماس بإنزال كامل الجسم مع الرأس عند أكثر الفقهاء مفطر أما الدش العادي ليس مفطر

تبدأ نية الصوم الواجب وقت نيته تجب من الفجر
ثانية واحدة بعد الفجر لا يستطيع أن ينوي
"أو مايعرف بالواجب المعين
تبدأ نية قضاء الصوم الواجب يمتد وقت نيته لما قبل الظهر
"أو مايعرف بالواجب الغير المعين
تبدأ نية الصوم المستحب يمتد وقت نيته لما قبل الغروب . أي وقت حتى لوقبل دقيقة من أذان المغرب إذا لم تأكل أو تشربي شيئاً

هل سحب الدم في المستشفى مفطر ؟
لا يفطر ولكن يكره إذا تسبب في ضعف الشخص

بسم الله الرحمن الرحيم
سنعرف في هذا الفصل بشكل مختصر جدا على الخمس ومن ترغب في زيادة المعرفة فعليها سؤال المختصين

الفصل الثامن

الخمس

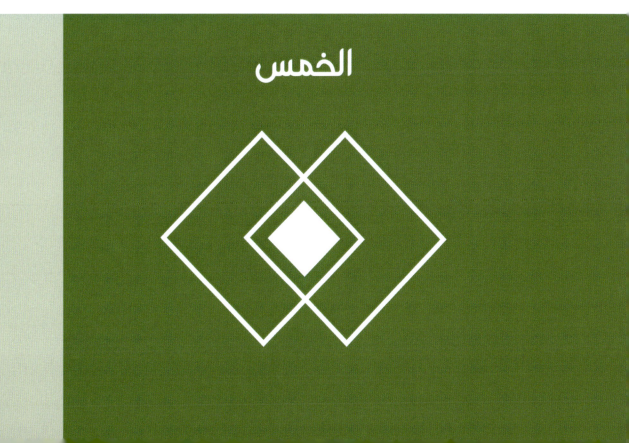

الخمـس

قال تعالى:

((وَاعْلَمُواْ أَنَّمَا غَنِمْتُم مِّن شَيْءٍ فَأَنَّ لِلّهِ خُمُسَهُ وَلِلرَّسُولِ وَلِذِي الْقُرْبَى وَالْيَتَامَى وَالْمَسَاكِينِ وَابْنِ السَّبِيلِ إِن كُنتُمْ آمَنتُمْ بِاللّهِ وَمَا أَنزَلْنَا عَلَى عَبْدِنَا يَوْمَ الْفُرْقَانِ يَوْمَ الْتَقَى الْجَمْعَانِ وَاللّهُ عَلَى كُلِّ شَيْءٍ قَدِيرٌ)) الأنفال٤١

الخمس :

هو من الفرائض المؤكدة المنصوص عليها في القرآن الكريم. وروايات أهل البيت.

روي عن إمامنا جعفر الصادق (ع): (إن الله (لا إله إلا هو) لمّا حرم علينا الصدقة أنزل لنا الخمس، فالصدقة علينا حرام ، والخمس لنا فريضة)

وهنا أيتها المكلفة ارجعي إلى المرجع الذي تقلديه لمعرفة أحكام الخمس.

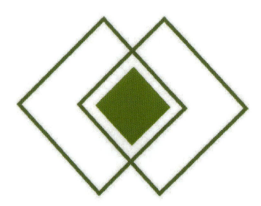

بسم الله الرحمن الرحيم
سنتعلم في هذا الفصل موضوع من أهم الموضوعات الفقهية للمرأة
وهو فصل الدماء
ومايتعلق به من مسائل مهمة يجب أن تتعلمها المكلفة لصحة
صلاتها وصيامها حجها وكل أمورها العبادية

الفصل التاسع

الدماء
الحيض
الاستحاضة
النفاس

الدمـاء [1]

خلـق اللـه الأنثـى لتكـون قادرة علـى حمـل المخلـوق وهـو الإنسـان ، وقـد صمـم جسـدها ليناسـب هـذا الغـرض ولهـذا كان وفقـا للقانـون الاسـلامي أن المـرأة تمـر بـدورة شـهرية لدمـاء ثلاثـة.

تنقسم الدماء بالنسبة للمرأة إلى ثلاثة أقسام هي:

١/ الحيض

٢/ الاستحاضة

٣/ النفاس

أولاً: الحيض

س / ما هو الحيض؟

الحيض: هو دم يخرج من فرج المرأة كل شهر مرة غالباً.

س / هل له صفات محددة؟

نعم، فهـو أحمـر أو يميـل إلـى **السـواد (أي شـديد الاحمـرار)** يخـرج بحرقـة ودفـق، ولا يشـترط أن تجتمـع كل هـذه الصفـات في دم الحيـض بـل يكفـي وجـود بعضهـا.

ملاحظة:

هـذه المواصفـات لا تعنـي أن كل دم تـراه المـرأة بهـذه المواصفـات يجـب أن يكـون حيضـاً، لأنـه قـد يكـون الـدم بهـذه المواصفـات ومـع ذلـك يحكـم بأنـه اسـتحاضة.

---

١ - منقول من كتيب (الدماء الثلاثة) للأستاذ الشيخ رضي المهنا.

الدماء الثلاثة

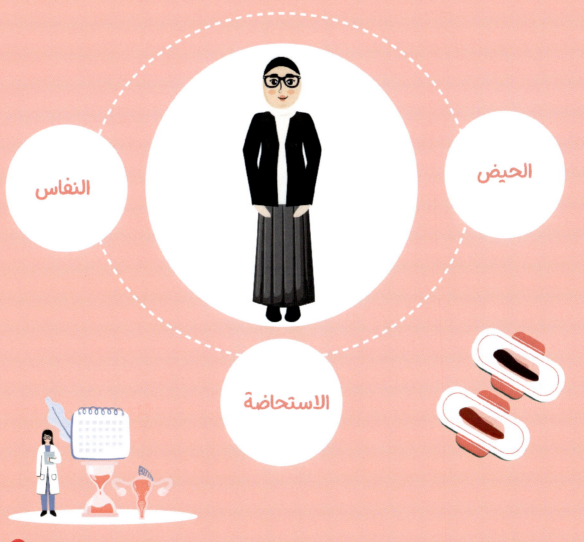

- النفاس
- الحيض
- الاستحاضة

س / متى تكون المرأة ذات عادة؟

تكون ذات عادة إذا أتاها مرتين متواليتين من غير فاصل بينهما بحيضة مخالفة.

س / وهل هناك أنواع للعادة الشهرية؟

نعم، وهي كما يلي:

١- إذا نزل دم الحيض مرتين فأكثر في زمان معين من شهرين فأكثر فهي **عادة وقتية.**

مثال: امرأة رأت الدم في أول الشهر خمسة أيام، ثم رأته في أول الشهر الثاني ستة أيام.أي أنها رأت الدم في تاريخ معين من كل شهر ولم تكن محددة بعدد أيام.

٢- إذا نزل الدم متكرراً في شهرين فأكثر ويستمر الدم كل شهر أربعة أيام مثلاً فهي **عادة عددية.**

مثال: امرأة رأت الدم في الشهر الأول اليوم الأول والثاني والثالث والرابع ، ثم رأته في الشهر الثاني في اليوم الثالث والرابع والخامس والسادس.أي أربعة أيام في الشهر الأول وأربعة أيام في الشهر الثاني دون أن يكون في تاريخ محدد من كل شهر.

٣- إذا نزل الدم مرتين متتاليتين أو أكثر في زمان معين وأيام عددها محدد أيضاً فهي **عادة وقتية عددية.**

مثال: امرأة رأت الدم في الشهر الأول في اليوم الخامس عشر منه واستمر معها الدم إلى العشرين منه، ثم رأته في الشهر الثاني اليوم الخامس عشر منه واستمر معها إلى اليوم العشرين منه.

س / وإذا لم تستقر للمرأة عادة، كأن جاءها الحيض في هذا الشهر بشكل وفي الشهر الذي يليه بشكل آخر وهكذا في الزمن والعدد؟

هذه تسمى **مضطربة.**

س / والتي يأتيها الحيض لأول مرة؟ وهل هي ذات عادة؟ وهل هناك حالات أخرى؟

تسمى **مبتدئة** , لا ليست ذات عادة. .نعم هناك حالة تسمى الناسية وهي التي نسيت عادتها.

الحائض

ذات العادة	غير ذات العادة

وقتية وعددية	وقتيه فقط	عدديه فقط	مبتدئة	مضطربة	ناسية للعادة

عادة وقتية

عادة عددية

عادة وقتية عددية

عادة مضطربة

س / ولكن هل هناك عمر معين ومحدد يأتي فيه الحيض للمرأة ؟

نعم ، إذا بلغت المرأة تسع سنين قمرية أي بالشهر القمري يأتيها الحيض، وينقطع في سن الخمسين للمرأة العامية وفي سن الستين للمرأة القرشية. أي أن الحيض يأتي للمرأة فيما بين تسع سنوات إلى ستين سنة .

س / لو أن فتاة بقي عليها يوم واحد وتبلغ تسع سنوات ورأت الدم؟

هذا الدم ليس حيضاً فكل دم تراه المرأة قبل بلوغها تسع سنوات ولو بلحظة فليس بحيض.

س / ولو أن المرأة رأت الدم بعد بلوغها ستين عاماً بيوم واحد ؟

ليس حيضاً أيضاً ولا يترتب عليه أحكامه.

س / وكم يوماً يستمر دم الحيض ؟

أقل الحيض ثلاثة أيام بينها ليلتان، وأكثر الحيض عشرة أيام.

س / وإذا بقي الدم يومين أو يومين ونصف؟

ليس هذا الدم حيضاً.

س / وإذا زاد على العشرة أيام ؟

هذا ليس حيضاً أيضاً.

س / وإذا أتاها الحيض واستمر أربعة أيام مثلاً ، ثم انقطع وطهرت ، وعاد بعد ذلك بيومين أو ثلاثة؟

ليس هذا الدم الثاني حيضاً إذا لم يتجاوز الجميع العشرة فهو حيض.

س / ولماذا؟

لأنه يلزم أن يكون الفاصل بين الحيض الأول والثاني عشرة أيام تكون المرأة فيها طاهرة.

عمر الحيض للمرأة
يبدأ
ينتهي
٩
هجري
٥٠
ليس بحيض
CALENDAR
رجب
يوم ميلادي بالهجري
رأيت دم
ليس بحيض
الأيام
تقطع بسيط غير ملاحظ حكمه حيض
الأيام
أقلها
أكثرها
ليس بحيض
CALENDAR
رجب
رأيت دم
وصلت سن اليأس
الدم الأول حيض
الدم الثاني ليس حيض
الأيام
حيض
لايوجد حيض
ليس حيض
أيام الحيض
أقلها
أكثرها

	الحالـة	نوع العادة	السبـب
١	رأت الـدم في أول الشـهر خمسـة أيـام ثـم رأتـه في أول الشـهر الثاني سـتة أيام ثـم في أول الشـهر الثالـث أربعـة أيـام.	وقتية فقط	لأن الوقت ثابت والعدد متغير
٢	رأت الـدم في الشـهر الأول اليـوم الأول والثانـي والثالـث والرابـع ثـم رأتـه في الشـهر الثانـي اليـوم الثالـث والرابـع والخامـس والسـادس.	عددية فقط	لأن العدد ثابت والوقت متغير
٣	رأت الـدم في الشهر الأول اليوم الخامس عشـر واسـتمر إلـى اليـوم العشـرين ثـم رأتـه في الشـهر الثانـي اليـوم الخامـس عشـر واسـتمر إلـى العشـرين.	وقتية وعددية	لأن الوقت ثابت والعدد ثابت
٤	رأت الـدم في الشـهر الأول اليـوم الأول والثانـي والثالث وفي الشـهر الثانـي اليوم الثامـن والتاسـع والعاشـر والحادي عشـر والثانـي عشـر وفي الشـهر الثالـث اليـوم الحـادي والعشـرين والثانـي والعشـرين والثالـث والعشـرين والرابـع والعشـرين.	مضطربة	لأن الوقت متغير والعدد متغير

منار
بتول
مريم
عادة وقتية عددية
في كل شهر نفس التاريخ و نفس العدد.
عادة وقتية
في كل شهر نفس التاريخ ولكن ليس في نفس العدد.
عادة عددية
في كل شهر نفس العدد ولكن ليس في نفس التاريخ

أحكام الحيض :

س/ ماذا يكون على الحائض من الأحكام؟

١- لا تصح منها **الصلاة** واجبة أو مستحبة.

٢- لا يجوز لها **الطواف** حول الكعبة المشرفة واجباً ومستحباً.

٣- لا يصح منها **الاعتكاف**.

٤- لا يصح منها **الصوم**.

٥- يحرم عليها **مس كتابة القرآن** الكريم.

٦- يحرم عليها مس لفظ الجلالة (الله) وكذا سائر أسمائه وصفاته الخاصة به.

٧- يحرم عليها قراءة آية السجدة من **سور العزائم**» وهي: سورة اقرأ، والنجم، والسجدة، وسورة فصلت».

٨- يحرم عليها دخول المساجد أو المكث فيها أو أخذ شيء منها أو وضع شيء فيها.

٩- لا يصح طلاقها إلا في موارد مستثناة.

١٠- لا تقضي ما يفوتها من صلوات أثناء الحيض.

١١- **تقضي** ما يفوتها من **صوم** في شهر رمضان.

١٢- يجب عليها أن تغتسل للصلاة إذا طهرت من الحيض.

١٣- يستحب لها **التحشي**» وضع فوطة في الموضع لمنع خروج الدم» **والوضوء، وتجلس** في مكان طاهر مستقبلة القبلة
وتقول : (سبحان الله والحمد لله ولا إله إلا الله والله أكبر).

١٤- يكره لها الخضاب بالحناء وغيره، وحمل المصحف ولمس هامشه ومابين سطوره وتعليقه.

١٥- يحرم جماعها.

لم تكن المرأة ذات عادة تعرف أنها حائض بأمرين

صفات الحيض

استمر نزوله ٣ أيام ولم يزد على ١٠.

الفحص

حائض — طاهرة

الحيضة الأولى — الحيضة الثانية

يجب ان يكون بينهما ١٠ أيام

ثانياً: الاستحاضة

س / من الدماء التي تخص المرأة دم الاستحاضة فما هي الاستحاضة؟

هي كل ما ليس بدم حيض و لا نفاس و لا جرح ولا قرح.

س / وهل لها صفات معينة ؟

نعم، دم الاستحاضة غالباً يكون أصفر بارداً رقيقاً يخرج بلا لذع ولا حرقة.

س / إذن هو عكس دم الحيض ؟

نعم، ولكن ربما كان بصفاته.

س / وهل لقليله و كثيرة عدد معين من الأيام؟

لا حد لقليله فقد يكون لحظة و لا حد لكثيره بل و لا حد للطهر المتخلل بين استحاضتين.

س / هل يتحقق دم الاستحاضة قبل البلوغ؟

لا[1].

س / وماذا يترتب على المستحاضة إذا طرقها هذا الدم؟

هذا الدم ناقض للطهارة بخروجه ولو بمعونة القطنة.

١- هـذا علـى رأي السـيد السيسـتاني أمـا رأي السـيد الخوئـي والشـيخ التبريـزي فيمكـن حـدوث الاسـتحاضة قبـل البلـوغ . ورأي الشـيخ حسـين الوحيـد الخراسـاني «وفي تحققـه قبـل البلـوغ وبعـد اليـأس إلا في بعـض الفـروض النـادرة في اليائسـة. إشـكال ؛ فالأحـوط ترتيـب آثـار الاسـتحاضة وإن كانـت آثـارها التكليفيـة كوجـوب الوضـوء والغسـل مرفوعـة عـن الصغيـرة» .

أحكام الحائض

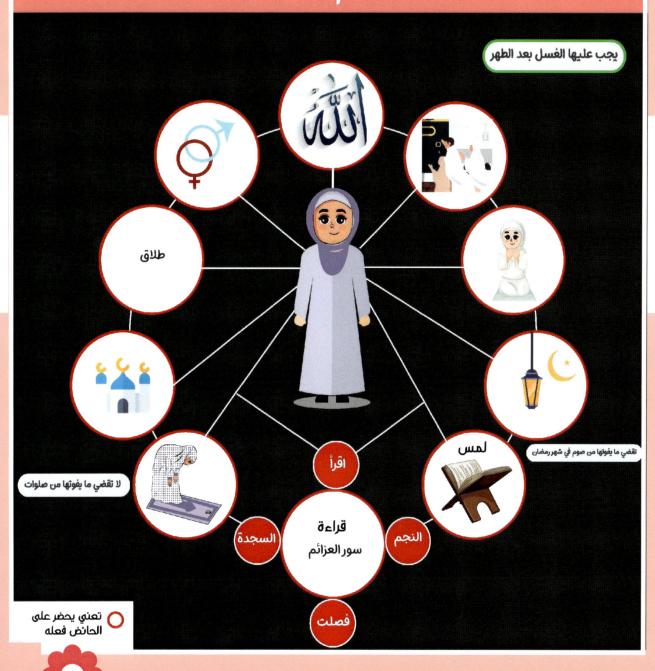

س / ماذا تعني بقولك (ولو بمعونة القطنة) ؟

أي أن المرأة لو أرادت أن تتحقق من وجود دم الاستحاضة في الفرج فأدخلت قطنة وأخرجتها وفيها دم الاستحاضة فهو ناقض للطهارة.

وهل بقاؤه في باطن الفرج دون إخراجه بالقطنة مثلاً ناقض للطهارة؟

ليس ذلك ناقضاً للطهارة.

س / هل الاستحاضة أقسام؟

نعم وهي ثلاثة أقسام:

القسم الأول: **الاستحاضة القليلة (الصغرى)**. وهي ما يكون فيها الدم قليلاً بحيث يلوث القطنة ولا يغمسها.

القسم الثاني: **الاستحاضة المتوسطة (الوسطى)**. وهي ما يكون فيها الدم أكثر من الأول بحيث يغمس القطنة ولكن لا يتجاوزها إلى الفوطة الصحية التي فوقها.

القسم الثالث: **الاستحاضة الكثيرة (الكبرى)**. وهي ما يكون فيها الدم أكثر من ذلك بحيث يغمس القطنة ويتجاوزها إلى الفوطة الصحية التي فوقها.

س / وما الحكم الشرعي في كل قسم مما مر علينا ؟

١/حكم الاستحاضة القليلة: هي فقط أن **تتوضأ المرأة لكل صلاة** فريضة كانت أو نافلة.

س / وهل يجب عليها تبديل القطنة أو تطهيرها لكل صلاة ؟

لا يجب عليها، ولكن يستحب فعل ذلك.

صفات الاستحاضة

الاستحاضة

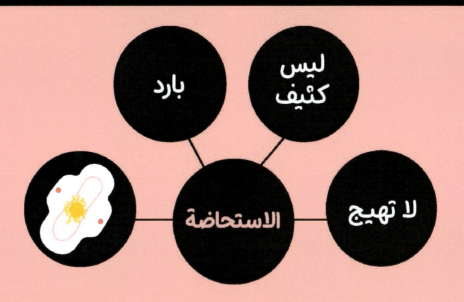

ليس له حد
لأكثره واقله
من حيث الأيام

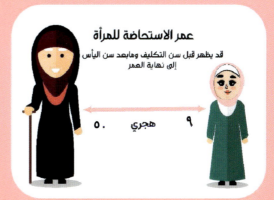

عمر الاستحاضة للمرأة
قد يظهر قبل سن التكليف ومابعد سن اليأس
إلى نهاية العمر
٩
هجري
٥٠

٢/ حكم الاستحاضة الوسطى: الغسل مرة واحدة لكل يوم مضافاً إلى الوضوء لكل صلاة، ويستحب تبديل القطنة أو تطهيرها.

٣/ حكم الاستحاضة الكثيرة: وجوب تجديد القطنة والفوطة الصحية التي عليها وتغتسل ثلاثة أغسال كل يوم غسل لصلاة الصبح ، وغسل لصلاة الظهر والعصر إذا جمعت بينهما ، وغسل لصلاة المغرب والعشاء إذا جمعت بينهما.أما إذا فرقت بين الظهرين أو العشاءين بأن صلت الظهر ثم بعد ساعة صلت العصر فيجب عليها الغسل لكل صلاة بمفردها.

س / وهل يجب الوضوء في الاستحاضة الكثيرة ؟

لترجعي إلى المرجع الذي تقلدين ..

س/ هل يجزئ غسل الاستحاضة والحيض عن الوضوء[١]؟

١- الحكم عند السيد السيستاني والشيخ التبريزي والسيد أبو القاسم الخوئي :

الأغسال الواجبة ، أو الثابت استحبابها يجزي عن الوضوء إلا غسل الاستحاضة المتوسطة فإنه لا بد معه من الوضوء والأحوط[٢] ضم الوضوء إلى سائر الأغسال غير غسل الجنابة .

٢- الحكم عند السيد علي الخامنئي والسيد صادق الشيرازي :

يجب فيها للصلاة الوضوء ما عدا غسل الجنابة الذي يكفي الغسل عن الوضوء.

س / وكيف تعرف المرأة بهذا التحول ؟

عليها أن تختبر نفسها قبل الصلاة وتعمل وفق نتيجة الاختبار الذي وصلت إليه.

١- الأحوط استحبابا أن تتوضأ قبل الغسل أما عند السيد الخميني والسيد الخامنائي فيجب الوضوء.

٢- الأحوط الأولى عند السيد السيستاني .

اقسام الاستحاضة

قليلة | متوسطة | كثيرة

الواجب في الاستحاضة القليلة

الفريضة	الوضوء	الغسل
الفجر	✓	✗
الظهر	✓	✗
العصر	✓	✗
المغرب	✓	✗
العشاء	✓	✗

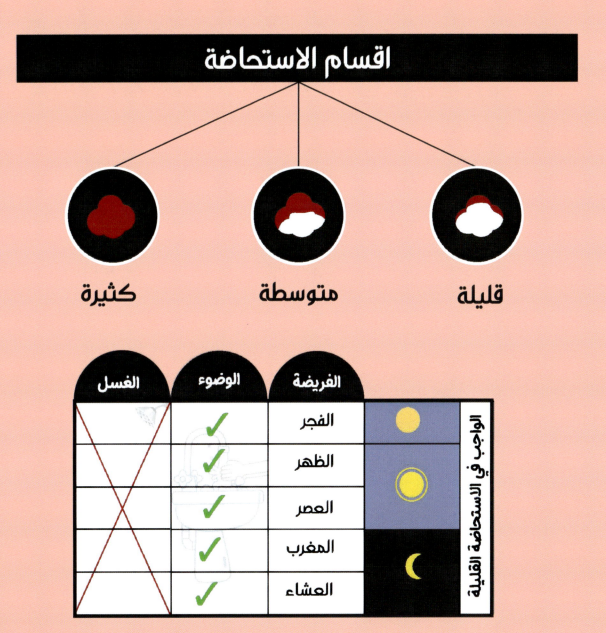

ثالثاً / ما هو حكمها إذا لم يتجاوز دمها العشرة ؟

الجواب : **إذا لم يتجاوز دمها العشرة ففيه صور:**

١- إذا رأت الدم عشرة أيام بصفات الحيض وانقطع فجميع الدم حيض.

٢- إذا رأت ثلاثة أيام بصفات الحيض أو أكثر (٧ مثلاً) , ثم رأته بغير صفات الحيض يومين مثلاً ، وانقطع جعلت (٣)الدم الذي بصفة الحيض حيضاً و هي سبعة أيام ، و جعلت ما بصفة الاستحاضة استحاضة (و هو اليومان) و الأولى أن تحتاط في اليومين اللذين بغير صفة الحيض بالجمع بين تروك الحائض وأعمال المستحاضة .

رابعاً / ما هو حكمها إذا تجاوز دمها العشرة ؟

الجواب : **إذا تجاوز دمها العشرة (٤) ففيه صور :**

١- إذا كان لون الدم مختلفاً بأن كان بعضه أسود و بعضه أحمر ، أو كان بعضه أحمر وبعضه أصفر ، جعلت الأشد لوناً حيضاً - بشرط أن لا يقل عن ثلاثة أيام و لا يزيد على عشرة أيام - و جعلت الأضعف لوناً استحاضة .

مثال : لو رأت الدم عشر يوماً (١٢) ثمانية منها بلون أحمر و أربعة بلون أصفر ، جعلت الثمانية ذات اللون الأحمر حيضاً و الأربعة ذات اللون الأصفر استحاضة .

٢-إذا كان جميع الدم بلون واحد ، بصفات الحيض و تجاوز دمها العشرة فتجعل حيضها **كالآتي :**

أ/ إذا كان لها قريبات من الأبوين أو من الأب أو من الأم كالأخت و العمة والخالة - و لو ميتات - و كانت عادتهن واحدة بأن كانت سبعة أيام مثلاً ، جعلت حيضها بمقدار عادتهن أي سبعة أيام و جعلت الباقي استحاضة .

ب/ إذا لم يكن لها قريبات ، أو كان لها قريبات و لكن كانت عادتهن مختلفة ، بأن كان عادة بعضهن ستة مثلاً و بعضهن سبعة و بعضهن خمسة ، فهنا تجعل حيضها في الشهر الأول ستة أو سبعة ، و تحتاط إلى تمام العشرة بالجمع بين تروك الحائض و أعمال المستحاضة .

وأما في الأشهر الأخر - بعد الشهر الأول - فتجعل حيضها ثلاثة أيام و تحتاط بعد الثلاثة إلى اليوم السادس أو السابع بالجمع بين تروك الحائض وأعمال المستحاضة إلى أن يتبين حالها بأن تكون لها عادة مستقرة أو مضطربة .

و المقصود بالشهر هنا هو ثلاثون يوماً من بداية الحيض لا الشهر الهلالي.

الواجب في الاستحاضة المتوسطة

الفريضة	الوضوء	الغسل
الفجر	✓	غسل واحد فقط ✓
الظهر	✓	
العصر	✓	
المغرب	✓	
العشاء	✓	

الواجب في الاستحاضة الكثيرة

الفريضة	الوضوء	الغسل
الفجر	✓	✓
الظهر	✓	غسل لكل فريضة ✓
العصر	✓	
المغرب	✓	✓
العشاء	✓	

س / مالذي يترتب على المستحاضة من أحكام ؟

١- يجـب عليهـا أن تتطهـر بعـد انقطـاع الـدم للصـلاة الآتيـة بالوضـوء إن كانـت استحاضتها قليلـة وبالغسـل مـرة واحـدة في اليـوم للاستحاضة المتوسـطة مـع ضم الوضوء لـه ،وبالغسـل لـكل فريضة إن كانـت استحاضتها كثيـرة مـع ضم الوضوء .

٢- يحرم عليها مس كتابة القرآن قبل تحصيل طهارتها ويجوز بعده وقبل إتمام الصلاة أما بعد الصلاة فلا.

أحكام المبتدئة

س / من هي المبتدئة ؟

و هي التي ترى الدم لأول مرة .

أولاً / متى تعتبر نفسها حائضاً ؟

الجـواب : تعتبـر نفسـها حائضـاً إذا رأت الـدم بصفـات الحيـض فتتـرك العبـادة وتعمـل عمـل الحائـض فـإن استمر ثلاثـة أيـام فهـو حيض وإن انقطع قبـل الثلاثـة فهـو استحاضة ، وكـذا لـو زالـت صفـات الحيـض قبـل الثلاثـة وعليهـا قضـاء مـا تركتـه مـن العبـادة ، وأمـا إذا رأت الـدم بغيـر صفـات الحيـض١ فهـو استحاضة .

ثانياً / ماذا تصنع إذا انقطع الدم قبل العشرة ؟

الجـواب : إذا انقطـع الـدم قبـل العشـرة و علمـت أنهـا نقيـة لا يلزمهـا الإسـتبراء ، و تعمـل عمـل الطاهـرة . وإن احتملـت بقـاء الـدم في باطـن الفـرج لزمهـا الإسـتبراء فـإن خرجـت القطنـة ملوثـة بـدم بصفـات الحيـض فهـي حائـض ،وإن خرجـت ملوثـة بصفـرة (٢) فهـي مسـتحاضة و تعمـل عمـل المسـتحاضة ، وإن خرجـت القطنـة نقيـة فعليهـا الغسـل للعبـادة المشـروطة بـه و تعمـل عمـل الطاهـرة .

١٣٨

أنا مبتدئة

دم بالصفات
نقاء
١ ٢ ٣ ٤ ٥
الدم حيض
دم بالصفات
نقاء
١ ٢ ٣ ٤ ٥
دم إستحاضة
بغيرالصفات
نقاء
١ ٢ ٣ ٤ ٥
دم إستحاضة
١ ٢ ٣ ٤ ٥ ٦ ٧ ٨ ٩ ١٠
الفحص
حائض
طاهرة
استحاضة
قليلة
متوسطة
كثيرة

ثالثاً / ما هو حكمها إذا لم يتجاوز دمها العشرة ؟

الجواب : إذا لم يتجاوز دمها العشرة ففيه صور:

١- إذا رأت الدم عشرة أيام بصفات الحيض وانقطع فجميع الدم حيض.

٢- إذا رأت ثلاثة أيام بصفات الحيض أو أكثر (٧ مثلاً) , ثم رأته بغير صفات الحيض يومين مثلاً ، وانقطع جعلت (٣)الدم الـذي بصفـة الحيض حيضاً و هي سبعة أيام ، و جعلـت ما بصفة الاستحاضة استحاضة (و هو اليومان) و الأولى أن تحتاط في اليومين اللذين بغير صفة الحيض بالجمع بين تـروك الحائض وأعمال المستحاضة .

رابعاً / ما هو حكمها إذا تجاوز دمها العشرة ؟

الجواب : إذا تجاوز دمها العشرة (٤) ففيه صور:

١- إذا كان لون الـدم مختلفاً بأن كان بعضـه أسود و بعضـه أحمـر ، أو كان بعضـه أحمـر وبعضـه أصفـر، جعلـت الأشد لوناً حيضاً - بشـرط أن لا يقـل عـن ثلاثة أيام و لا يزيد على عشـرة أيام - و جعلت الأضعف لوناً استحاضة .

مثـال : لـو رأت الـدم عشـريومـاً (١٢) ثمانيـة منهـا بلـون أحمـرو أربعـة بلـون أصفـر، جعلـت الثمانيـة ذات اللـون الأحمـر حيضاً و الأربعـة ذات اللـون الأصفر استحاضة .

٢-إذا كان جميع الدم بلون واحـد ، بصفات الحيض و تجاوز دمها العشرة فتجعل حيضها كالآتي :

أ/ إذا كان لها قريبـات مـن الأبويـن أو مـن الأب أو مـن الأم كالأخـت و العمـة والخالـة - و لـو ميتـات - وكانـت عادتهـن واحـدة بـأن كانـت سبعة أيام مثـلاً ، جعلـت حيضهـا بمقـدار عادتهـن أي سبعة أيام و جعلت البـاقي استحاضة .

ب/ إذا لـم يكن لهـا قريبـات ، أوكان لهـا قريبـات و لكـن كانـت عادتهـن مختلفـة ، بـأن كان عـادة بعضهـن سـتة مثـلاً و بعضهـن سـبعة و بعضهـن خمسـة ، فهنا تجعل حيضها في الشهر الأول سـتة أو سـبعة ، و تحتـاط إلـى تمـام العشـرة بالجمع بين تـروك الحائـض و أعمـال المسـتحاضة .

وأمـا في الأشـهر الأخـر - بعد الشهر الأول - فتجعـل حيضها ثلاثة أيام و تحتـاط بعـد الثلاثـة إلـى اليوم السـادس أو السـابع بالجمع بيـن تـروك الحائـض وأعمـال المسـتحاضة إلـى أن يتبيـن حالها بـأن تكـون لهـا عـادة مسـتقرة أو مضطربة .

و المقصود بالشهر هنا هو ثلاثون يوماً من بداية الحيض لا الشهر الهلالي.

المبتدئة/ الحكم اذا تجاوز الدم العشرة أو لم يتجاوزها

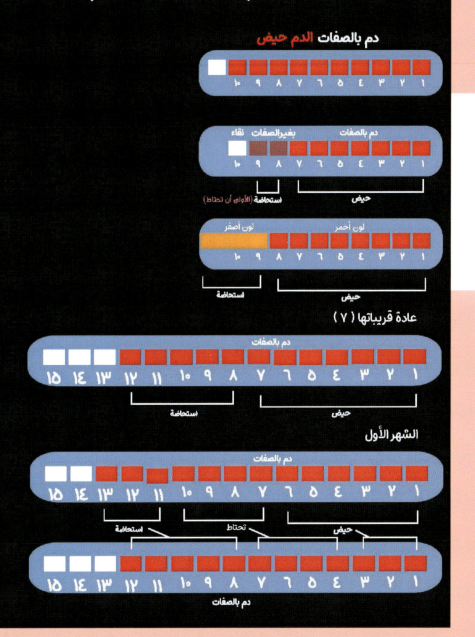

احكام المستحاضه

يجب عليها الوضوء أو الغسل بحسب وظيفتها:قليلة، أو متوسطة، أو كثيرة.

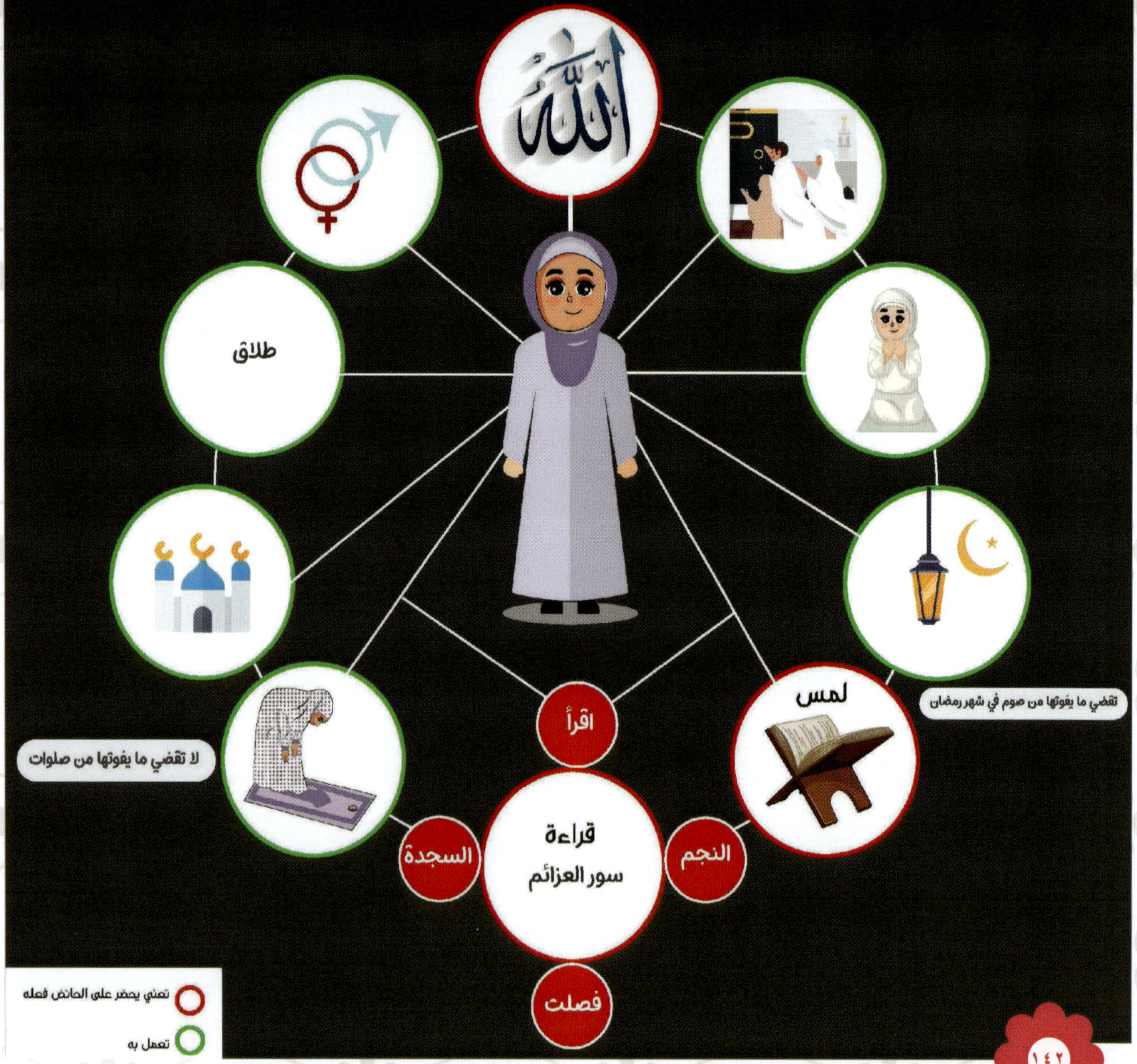

طلاق

تقضي ما يفوتها من صوم في شهر رمضان

لمس

لا تقضي ما يفوتها من صلوات

اقرأ

النجم

السجدة

قراءة سور العزائم

فصلت

○ تعني يحضر على الحائض فعله

○ تعمل به

١٤٢

كيف تحسب مدة الحيض؟

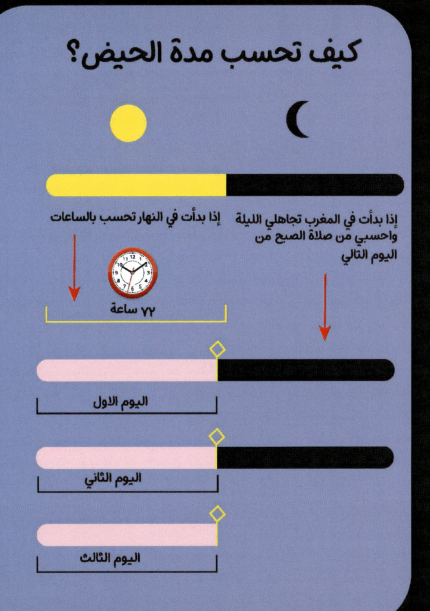

ملاحظة:

س / ما المقصود بالجمع بين تروك الحائض وعمل الطاهرة؟

هو أن تترك الأمور المحرمة على الحائض التي لم تكن واجبة عليها قبل الحيض كقراءة آيات السجدة الواجبة ومس كتابة المصحف الشريف، وتعمل الواجبة عليها قبل الحيض المحرمة بعده كالصلاة والصوم.

بالجمع بين تروك الحائض وعمل الطاهرة

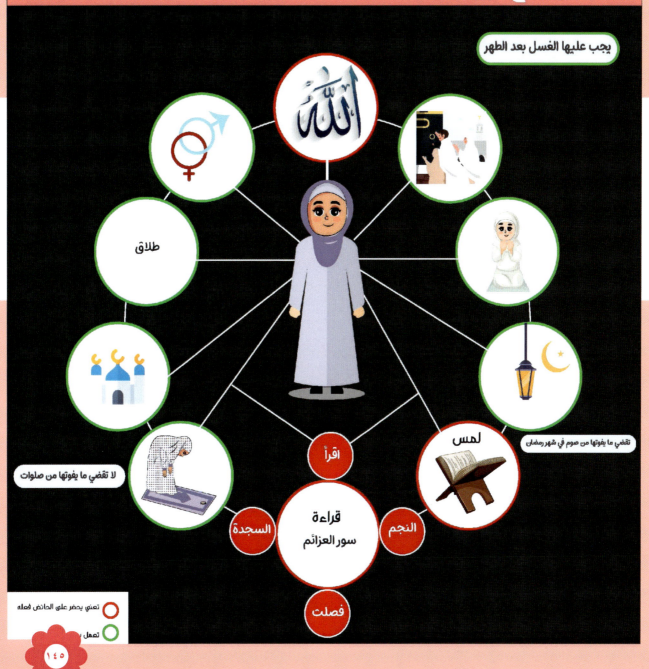

ثالثاً : النفاس

النفاس : وهو الدم الذي يخرج من المرأة عند الولادة أو بعدها.

أكثره عشرة أيام ولا حد لأقله.

اذا كانت لها عاده منتظمه عدد ايام نفاسها مثل عدد ايام حيضها.

اذا لم تكن لها عادة منتظمة فان نفاسها عشره أيام وما زاد فهو استحاضه.

كيف يمكن حساب الأيام؟

مثل حساب مدة الحيض :

حساب نهاري؛ بحسب الساعة تماما لمدة ٢٤ ساعة تحسب يوم واحد.

وأما في الليل؛ فلا يحسب الا من عند صلاة الفجر الى المغرب يحسب يوما واحدا وهكذا بقية الأيام.

أحكامها :

ما يترتب عليها من احكام هي نفس احكام الحائض.

النفاس (دم يخرج من المرأة عند الولادة)

كيف تحسب الايام؟ مثل حساب مدة الحيض كما في صورة سابقة.

النفاس أكثره عشرة أيام

ساعة الولادة غير محسوبة

إذا كانت عادتها غير منتظمة : مثلاً-حيضها ١٠ ايام نفاسها ومابعده إستحاضة.

احكامها مثل احكام الحائض.

إذا كانت عادتها منتظمة :مثلاً-حيضها ٦ ايام ,فيكون نفاسها ٦ أيام ومابعده إستحاضة.

بسم الله الرحمن الرحيم
سنتعلم في هذا الفصل عن
الشكوك في الصلاة
حيث نتعرض جميعا لذلك ولمعرفة الحلول لهذه الشكوك وضعنا هذا الفصل بشكل مبسط بين يديك.

الفصل العاشر

الشكوك في الصلاة

الشكوك في الصلاة

١/ الشكوك التي توجد لها حلول وتصح بها الصلاة :

• **الشك بين الثانية والثالثة بعد السجدتين ؟**

تعتبرها الثالثة ونتم الصلاة و تأتي بركعة واحدة من قيام أو ركعتين من جلوس بعد التسليم كصلاة احتياط .

• **الشك بين الثانية و الرابعة بعد السجدتين ؟**

تعتبرها الرابعة وتتم الصلاة وتأتي بركعتين من قيام بعد التسليم كصلاة احتياط.

• **الشك بين الثانية و الثالثة و الرابعة بعد السجدتين ؟**

تعتبرها الرابعة وتتم الصلاة و تأتي بركعتين من قيام و ركعتين من جلوس بعد التسليم كصلاة احتياط.

• **الشك بين الثالثة و الرابعة ؟**

تعتبرها الرابعة وتتم الصلاة وتأتي بركعة من قيام أو ركعتين من جلوس بعد التسليم .

• **الشك بين الرابعة و الخامسة وهي جالسة ؟**

تعتبرها الرابعة وتأتي بسجدتي السهو بعد الصلاة .

١/ الشكوك التي توجد لها حلول وتصح بها الصلاة :

أنا أشك هل أنا في الركعة ٢ أو ٣ !؟

اعتبريها ٣ وأتمي الصلاة
وبعد التسليم صلي صلاة الإحتياط:
ركعة واحدة من قيام
أو ركعتين من جلوس

أنا أشك هل أنا في الركعة ٢ أو ٤ !؟

اعتبريها ٤ وأتمي الصلاة
وبعد التسليم صلي صلاة الإحتياط:
ركعتين من قيام

- **الشك بين الثالثة و الخامسة عند القيام؟**

نهدم القيام و نجلس ونتشهد ونسلم ونأتي بركعة من قيام أو ركعتين من جلوس بعد التسليم كصلاة احتياط .

- **الشك بين الثالثة و الرابعة و الخامسة عند القيام ؟**

نهدم القيام ونجلس و نتشهد و نسلم و نأتي بركعتين من قيام و ركعتين من جلوس بعد التسليم كصلاة احتياط .

- **الشك بين الخامسة و السادسة عند القيام ؟**

نهدم القيام ونجلس و نتشهد و نسلم ونأتي بسجدتي السهو بعد الصلاة .

٢/ الشكوك المبطلة للصلاة :

١- الشك في عدد ركعات الصلاة **الثنائية و الثلاثية والأوليين من الرباعية** قبل إتمام السجدتين من الركعة الثانية .

٢- الشك بين **الثانية و الخامسة فأكثر** .

٣- الشك بين **الثالثة و السادسة فأكثر** .

٤- الشك بين **الرابعة والسادسة فأكثر** .

أنا أشك هل أنا في الركعة ٢ أو ٣ أو ٤ ؟!

اعتبريها ٤ وأتمي الصلاة
وبعد التسليم صلي صلاة الإحتياط:
ركعتين من قيام
و ركعتين من جلوس

أنا أشك هل أنا في الركعة ٣ أو ٤ ؟!

اعتبريها ٤ وأتمي الصلاة
وبعد التسليم صلي صلاة الإحتياط:
ركعة من قيام
أو ركعتين من جلوس

أنا أشك هل أنا في الركعة ٤ أو ٥ ؟!

اعتبريها ٤ وأتي بسجدتي السهو
بعد الصلاة

١٥٣

٣/ الشكوك التي لا يعتنى بها:

١- الشك في الإتيان بواجب من واجبات الصلاة وقد تجاوز محل إدراك ذلك الواجب .

٢- الشك بعد التسليم .

٣- الشك في أفعال الصلاة بعد خروج وقت الصلاة .

٤- شك كثير الشك.

٥- شك الإمام بعدد الركعات و المأموم لا يشك في ذلك فلا يعتني الإمام بشكه بل يبني على ما يقوله المأموم .

٦- الشكوك في الصلاة المستحبة .

صلاة الإحتياط

١- صلاة الاحتياط صلاة واجبة.

٢- يجب أن تصلى بعد الصلاة مباشرة.

٣- يجب توفر جميع شروط الصلاة فيها.

٤- لا بد فيه من النية و تكبيرة الإحرام وقراءة الفاتحة فقط دون السورة مع الاخفات بها حتى البسملة.

٥- ولابد فيها من الركوع والسجدتين و التشهد و التسليم سواء كانت ركعة واحدة أم ركعتين.

أنا أشك هل أنا في الركعة ٣ أو ٥ ؟!

اهدمي القيام واجلسي مباشرة وتشهدي وسلمي
وبعد التسليم صلي صلاة الإحتياط:
ركعة من قيام
أو ركعتين من جلوس

أنا أشك هل أنا في الركعة ٣ أو ٤ أو ٥ ؟!

اهدمي القيام واجلسي مباشرة وتشهدي وسلمي
وبعد التسليم صلي صلاة الإحتياط:
ركعتين من قيام
و ركعتين من جلوس

أنا أشك هل أنا في الركعة ٥ أو ٦ ؟!

اهدمي القيام واجلسي مباشرة وتشهدي وسلمي وأتي بسجدتي السهو بعد الصلاة.

سجود السهو

١. يجب سجود السهو للكلام سهواً.

٢. يجب لنسيان السجدة الواحدة إذا فات محل تداركها .

٣. يجب لنسيان التشهد إذا فات محل تداركه.

٤. يجب للتسليم في غير محله.

٥. يجب للشك بين الأربعة و الخمسة .

٦. يجب سجود السهو بعد الصلاة مباشرة .

٧. تجب النية لسجود السهو .

٨. لا تجب فيه تكبيرة الإحرام .

٩. لا ركوع في سجود السهو .

١٠. سجود السهو سجدتان من جلوس .

١١. تجب فيه الصيغة المخصوصة و هي :
(بسم الله وبالله اللهم صل على محمد وآل محمد) عند السجود.

١٢. يجب فيه التشهد و التسليم.

٢/ الشكوك المبطلة للصلاة :

الشك في صلاة الصبح و المغرب والركعة الأولى والثانية من الصلوات الرباعية قبل إتمام السجدتين من الركعة الثانية.

أنا أشك هل أنا في الركعة ٢ أو ٥ أو + !؟
أنا أشك هل أنا في الركعة ٣ أو ٦ أو + !؟
أنا أشك هل أنا في الركعة ٤ أو ٦ أو + !؟

الصلاة باطلة في كل هذه الحالات

٣/ شكوك التي تجاهليها :

شككت بعد السلام بأنني تشهدت أم لا؟

بما أنك شككت في أنك أتيت بهذا الواجب أم لا بعد أن تجاوزتي محله وقد أتيت بما بعده فلا تهتمي بهذا الشك.

١٥٧

لا أعلم هل رفعت من الركوع في صلاة العصر أم لا؟وقد دخلت صلاة المغرب اللآن؟

أنا كثيرة الشك

صليت بأمي وصديقاتي جماعة أي كنت محل الإمام وشككت في إحدى الركعات ولكن أمي أكد لي أن الصلاة صحيحة.

شككت في عدد ركعات نافلة الليل بعدما انتهيت منها

لا تعتني بهذه الشكوك.

صلاة الإحتياط:

١

الله أكبر

قراءة سورة
الفاتحة فقط

الله أكبر

الركوع
سبحان ربي العظيم وبحمده اللهم صل على محمد وآل محمد

٢

٣

الرفع من الركوع
سمع الله لمن حمده

الله أكبر

٤

السجود
سبحان ربي الأعلى وبحمده اللهم صل
على محمد وآل محمد

الله أكبر

٥

الجلوس بين السجدتين
أستغفر الله ربي و أتوب
إليه

الله أكبر

٦

السجود

الله أكبر

٧

قراءة التشهد
ثم التسليم

وبهذا تتم ركعة احتياط واحدة

سجدة السهو:

النية

١

٢

السجود

(بسم الله وبالله اللهم صل على محمد وآل محمد)

الله أكبر

الله أكبر

٣

٤

السجود

(بسم الله وبالله اللهم صل على محمد وآل محمد)

بسم الله الرحمن الرحيم

في هذا الفصل

بعض المواقف التي تعرضت لها بتول في فترة التكليف

وهي مليئة بالفوائد

الفصل الحادي عشر

مواقف بتول

مواقف بتول

١
اسمي بتول وعمري ٩ سنوات هلالية أي أني أصبحت مكلفة، وقد تعلمت كل ماسبق في هذا الكتاب.

٢
وعلى اليسار في الأعلى عائلتي: أبي وأمي ، وهذا أخي حسن وهو توأمي عمره ٩ سنوات هلالية وذاك أخي علي وعمره ١٥ سنة هلالية وأخيرا أختي فاطمة وعمرها ٢٠ سنة.

٣
ولنتعلم من بعض المواقف التي صادفتني.

٤
وفي الأسفل صديقاتي زينب، ورقية، ومنار، و مريم.

١٦٤

عائلتي

صديقاتي

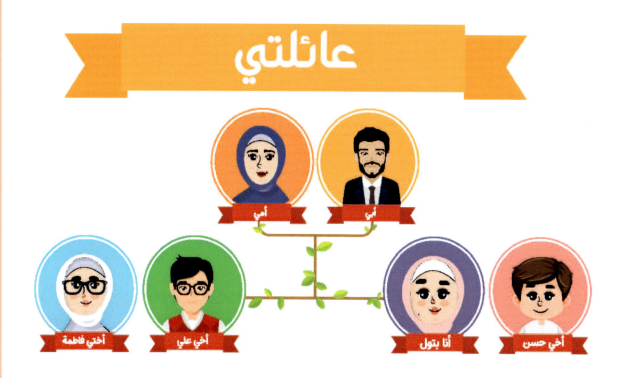

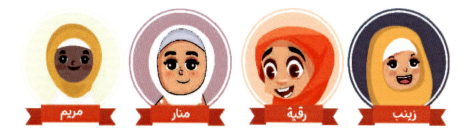

اللبـاس

(يَا بَنِي آدَمَ قَدْ أَنزَلْنَا عَلَيْكُمْ لِبَاساً يُوَارِي سَوْءَاتِكُمْ وَرِيشاً وَلِبَاسُ التَّقْوَىٰ ذَٰلِكَ خَيْرٌ ذَٰلِكَ مِنْ آيَاتِ اللَّهِ لَعَلَّهُمْ يَذَّكَّرُونَ)

سورة الأعراف آية ٢٦

بتول: ماذا تعني هذه الأية وماهي فوائد اللباس يا أبي؟

الأب: حسنا يا إبنتي الجميلة:

١ / اللباس سترلما يسوء الإنسان:

اللباس يخفي ما يجب إخفاؤه من عيوب الجسد(يواري سوءاتكم) فإن السوءة هي عيوب الجسد، وسميت بهذه التسمية لأن ظهورها يوجب الإساءة لصاحبها، أي يسوؤه ظهورها، وفيها معنى (المروءة والإنسانية) فاللباس من فوائده ستر عيوب البدن، وهو غاية في الأهمية لما فيه من إساءة له في انكشافها للناس، ويندفع السوء بإغلاق بابه وهو الستر لكافة العيوب الجسدية.

٢ / اللباس جمال واحتشام:

كما أن اللباس ساتر للعيوب، فإنه يضيف على صاحبه جمالاً واحتشاماً، إذ يتجمل الإنسان بلباسه ولذا قال سبحانه (وَرِيشاً) والريش في الأصل هو ما يكسو جسد الطير، والطير يكتسي جمالاً بمنظره الرائع الخلاب، واستعيرت كلمة (الريش) هنا إلى ما يلبسه الإنسان من ألوان اللباس الجميلة.

ذاك اللباس المادي. أما اللباس المعنوي فهو لباس التقوى والذي يعتبر هو الأهم وذلك لارتباطه باللباس المادي حيث لا ينضبط الإنسان من الظاهر إلا بعد أن ينضبط من الداخل.

ومن هنا يجب أن تقي - يا بتول - نفسك عن طريق اللباس المحتشم الذي أراده الله تعالى لكل فرد في أي وضع من أوضاعه التي يعيشها ولا فرق في ذلك بين الذكر والأنثى، على حد سواء، (بل ينبغي على المرأة أن تبالغ في لباسها لأقصى

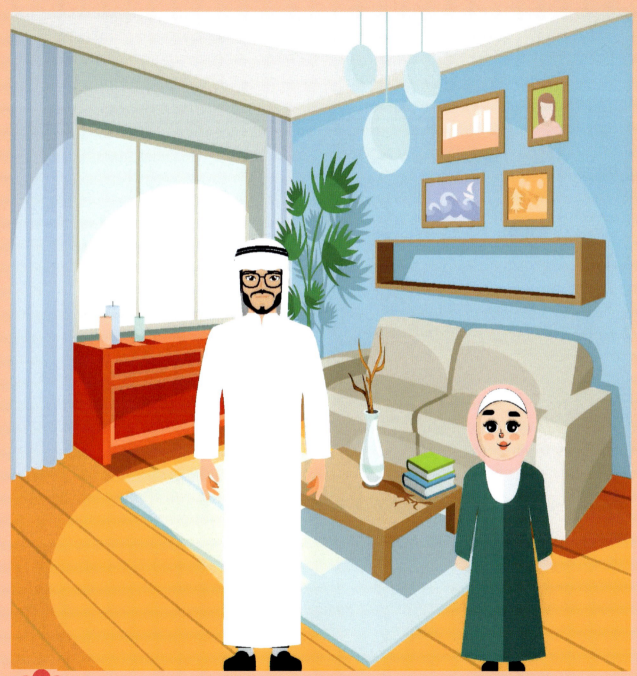

حد) حتى تبعد خطر الشيطان عن نفسها، فلا تظهر أمام الناس بالشكل الذي يتسبب في إلحاق الأذى بها دنيا وآخرة، كأن تظهر الفتاة أو المرأة خصرها وتجسد مفاتنها، وتجلب أنظار الناس إليها، بإظهار ما أمر الله بستره. وحتى تكون لك قيمة وتحفظين بها كرامتك في هذه الحياة وتبعدين عنك شبح الشر، وتأخذي درساً من العارفات، اللاتي حافظن على شرفهن وإنسانيتهن بغيرتهن وعفافهن وطهارتهن، وما رضين لأنفسهن إلا ما رضي الله لهن. ألا تحبين أن تقتدي بسيدة نساء العالمين فاطمة الزهراء عليها السلام وسيدة المجاهدات زينب الحوراء عليها السلام .

بتول: وماذا عن لباس الصلاة؟

الأب: يجب في الصلاة ستر العورة، والمرأة يجب عليها ستر جميع بدنها غير الوجه الواجب غسله في الوضوء واليدين إلى الزند والقدمين إلى أول جزء من الساق.

الأب: وأما شروط لباس المصلي يا بتول هي:

١- أن يكون طاهراً.

٢- أن يكون مباحاً غير مغصوب

٣- ألا يكون من أجزاء الميتة «أي من جزء من الميت «

٤- ألا يكون من أجزاء حيوان حرام اللحم.

بتول: والحجاب يا أبي؟ و متى يجب على الفتاة ارتداء الحجاب؟

الأب: وهو لباس واجب على كل مكلفة مسلمة، ومن هنا يجب عليك يا فتاتي الغالية أن تلتزمين بالحجاب الشرعي، والحجاب الشرعي هو: الرداء الذي يستر كافة بدن المرأة بحيث أنها لا تستثير الناظرين إليها ولا يجسد بدنها.

والتزامك بهذا الزي يرجع لك فهو يؤدي بك إلى الطريق السليم إذا استعملتيه وفق الشرع . والحجاب أخيراً هو طريق العفاف. ويجب على الفتاة ارتداء الحجاب حينما تصل لمرحلة التكليف الالهية وهي : أن تكمل ٩ سنوات هلالية قمرية.

بتول: شكرا لك يا أبي.

الأب: عفوا ياعزيزتي.

أرتدي حجابي عن من؟
موقف لصديقتي زينب

تقول زينب: بعد أن تكلفت جاء عمي لمنزلنا ليبارك لي تكليفي حاملا معه هدية، وقد كنت أذاكر دروسي في غرفتي. وإذا بأبي يناديني لأسلم على عمي. فقلت له: حسنا يا أبي سأرتدي حجابي أولاً

فقال لي أبي: إنه عمك أحمد وليس غريبا لترتدي الحجاب عنه

فقلت له: وكيف ذلك يا أبي إنه رجل!؟

فضحك أبي وقال: كلا، يا ابنتي إن عمك من محارمك، وإنما ترتدين الحجاب عمن هو ليس بمحرم

فقلت له: آه وكيف أفرق بينهم؟

فقال أبي: المحارم يا حلوتي مثل: الأب، والجد للأب والأم، والخال والعم، والأخ من الصلب أو من الرضاعة، وابن الأخت وابن الأخ، والزوج، والابن، وابن البنت، وابن الإبن أما غير المحارم مثل: ابن العم، وابن الخال، وأخ الزوج، وأي رجل غريب

فقالت زينب: شكراً لك يا أبي على هذه المعلومة المهمة

١٧٠

الأشخاص الذين لاأرتدي الحجاب عنهم

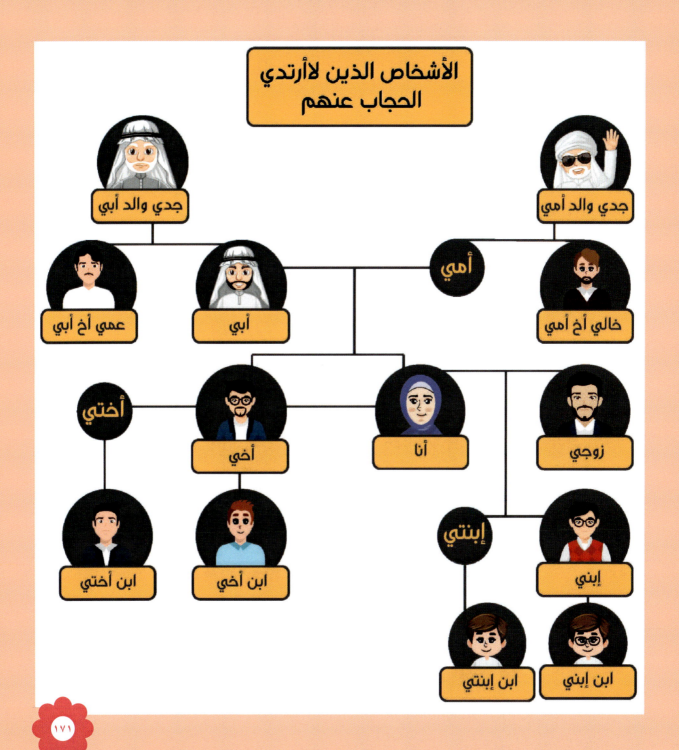

فروع من الأشخاص الذين لا يجب علي ارتداء الحجاب عنهم

أنا

والد زوجي

ابن زوجي

أخي من الرضاعة

أشخاص يجب علي ارتداء الحجاب عنهم

- ابن خالتي
- ابن خالي
- ابن عمي
- ابن عمتي
- أخ زوجي
- كل رجل غريب

حفل تكليف بلوغي مع أخواي علي وحسن؟

اصبح عمري ٩ سنوات هلالية 🌸 ، أي أني أصبحت مكلفة ، وقررت أمي ان تعمل حفلة لي من أجل ارتدائي للحجاب ، حينها كان لدي أخ توأم اسمه حسن ، ظن أنه أيضاً ستكون له حفلة تكليف ، لأن عمره ٩ سنوات أيضاً ، إلا أن أبي قال له :يابني عندما تبلغ من العمر ١٥ سنة هلالية 🌸 سنحتفل ببلوغك ، فاليوم سنحتفل بأختك بتول وأخيك علي لأنه وصل سن التكليف الشرعي له وهو ١٥ سنة.

قال حسن : لم أفهم يا أبي!

قال أبي: يابني إن الله تعالى جعل سن التكليف لبلوغ الفتاة في عمر ٩ سنوات هلالية قمرية ، أما الولد فيكون بلوغه وتكليفه بالأوامر الإلهية في عمر١٥ سنة هلالية 🌸

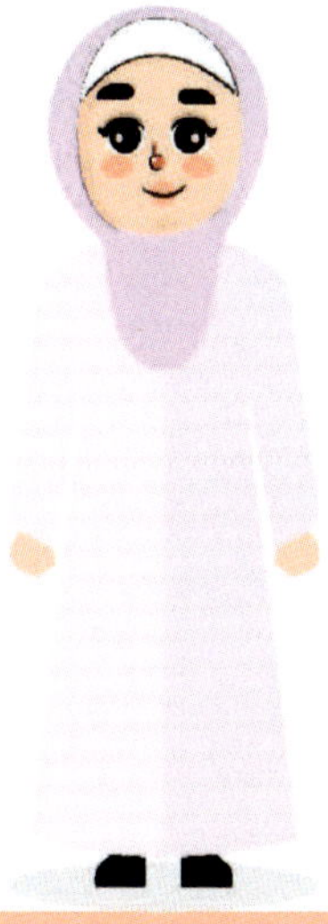

في حفل تكليفي

أخيرا جاء يوم حفل تكليفي
اليوم الذي سيظل في ذاكرتي
وقد شعرت بأني

أميرة الحفل

وكما أني أميرة اليوم فأتمنى أن أكون كذلك في صحيفة
أعمالي عند الله سبحانه وتعالى
وأبارك لكن صديقاتي إرتداء الحجاب
فأرجوا أن أكون
بحجابي زينبية
وستري فاطمية
و أن أكون ممن ينال شرف الخطاب الإلهي
من الأوامر والنواهي بإدراك ويقين وإيمان

بتول

بسم الله الرحمن الرحيم
سنتعلم في هذا الفصل بعض الأخلاقيات
لعلاقتي بربي ونبيي و أئمتي
ووالدي وأسرتي وأقربائي وجيراني ومجتمعي وأطلقت عليها لآلئ

الفصل الثاني عشر

لآلئ

اللؤلؤة الأولى

١) كيف أتعامل مع

الله عز وجل: بالالتزام بالطاعات وترك المعاصي

النبي ﷺ وعلى آله "وأهل البيت عليهم السلام: بحبهم والالتزام بسيرتهم وهديهم والثبات على ولايتهم .

نفسي: بإعطائها حقها المشروع . فلا أظلمها ولا أذلها بالمعصية

والدي: بطاعتهما واحترامهما والاستماع لنصائحهما فكل ذلك منصب لمصلحتنا مادام في طاعة الله تعالى .

أخوتي: بالاحترام ، وتبادل الآراء والتفاهم والنصيحة وعدم الخطأ في حقهم

الجار: بالسؤال عنه وقضاء حاجته وحسن جيرته بالخلق الحسن

القرابة: بصلة الرحم وحسن الخلق

الناس: بالخلق الحسن والبسمة والتواضع والحشمة والاتزان والعقل

الفقراء: بصدقة السر والتواضع وحسن السيرة

اليتيم: بالرفق به والحلم عليه والابتعاد عن جرحه

١٧٨

اللؤلؤة الثانية و الثالثة

٢) أشغلي وقت الفراغ بـ
١/ الالتحاق بدروس مفيدة في كل المجالات
٢/ الهوايات والأعمال الفنية
٣/ القراءة التي تعود بالنفع والفائدة
٤/ الذهاب لمجالس الذكر
٥/ ممارسة الرياضة البدنية المفيدة

٣) عودي نفسك على:

قراءة القرآن: ولو كان في اليوم ٥٠ آية فقط أو بعد كل صلاة جزءاً بسيطاً من الآيات حتى تتعودي يومياً على قراءته وعدم تركه.

الدعاء: اجعلي من التعقيبات اليومية بعد كل صلاة عادة في كل يوم وكذلك أدعية الأيام مثل : دعاء يوم السبت... ولا تنسي دعاء " اللهم كن لوليك الحجة ابن الحسن صلواتك عليه وعلى آبائه في هذه الساعة وفي كل ساعة ولياً وحافظاً وقائداً وناصراً ودليلاً وعيناً حتى تسكنه أرضك طوعاً وتمتعه فيها طويلاً برحمتك يا أرحم الراحمين " في كل فريضة وحتى قبل النوم . حتى تتعلق روحك بالإمام صاحب الزمان.

الزيارة: عودي نفسك على قراءة زيارة أهل البيت عليهم السلام جميعهم المختصرة كل يوم على الأقل.

صلة الرحم: اجعلي لكِ يوماً خاصاً لزيارة الأقرباء.

الصدقة.

اللؤلؤة الرابعة

٤) صداقاتي

لا يستطيع الإنسان أن يعيش لوحده, فهو يفتش عن أصدقاء, يزورهم, ويتحدث إليهم, ويقرأ معهم, فكيف نختار هؤلاء الأصدقاء؟

الأصدقاء نوعان

١/ أصدقاء أخيار، يتمتعون بحسن السيرة وجميل الأخلاق
٢/ أصدقاء أشرار، يتصفون بسيئ العادات والأفعال

س / ماذا نكتسب من الأصدقاء ؟

الإنسان يتأثر بعادات أصدقائه وأخلاقهم، فإذا كانت سيرتهم حسنة وأخلاقهم فاضلة، اكتسب منهم الصفات الطيبة، وأصبح محبوباً ومحترماً من جميع الناس. وإذا كانت سيرتهم سيئة، وأخلاقهم فاسدة، اكتسب منهم الصفات السيئة، وأصبح مكروهاً ومنبوذاً من جميع الناس

س / كيف نختار الأصدقاء؟

وأنتِ أيتها الفتاة المسلمة، فكري باختيار صديقاتك...
فإذا رأيت فتاة بعيدة عن الدين والأخلاق لا تتخذيها صديقة لك فتطلعيها على أسرارك، بل حاولي أن تنصحيها وتعدلي سلوكها، فإذا استجابت لك، فاقبليها صديقة، وإذا لم تستجب فاتركي مرافقتها لأنها ستصيبك بالعدوى التي تنقل إليك الأمراض وتجعلك سيئة مثلها. وقد أوصانا الإمام علي عليه السلام بعدم معاشرة الأشرار فقال:

" إياك ومصاحبة الفساق فإن الشر بالشر يلحق "

اللؤلؤة الخامسة

٥) ابتعدي عن

- **الخلق السيئ مع:** الله تعالى ، الوالدين ، الإخوة ، الأقرباء ، الناس
- **الغيبة والنميمة والبهتان**
- **الكذب**
- **الصداقة السيئة**
- **الانغماس في الأحاديث والزخارف الدنيوية** التي تجعل منك مثالاً لحب الدنيا والتعلق بها
- **التكبر:** فالتكبر صفة منفرة للناس فكوني متواضعة تكوني محبوبة.
- **السخرية:** فاليوم تسخرين منهن وغداً هن يسخرن منك وكل ساخر يلحقه ما سخر منه.
- **الفتنه :** فأنت أكبر من ذلك فكوني عاقلة رزينة.
- **الكلام البذيء:** فهو لا يتناسب مع أنوثتك ورقتك.
- **قراءة الكتب السيئة** أو مشاهدة الصور والبرامج والمسلسلات التي تمس الأخلاق والمبادئ الإسلامية.
- عن **الاستماع إلى الغناء** فذلك يقودك إلى الحرام تدريجياً وقسوة القلب.

اللؤلؤة السادسة

٦) اهتمي بـ:
النظافة

الإسلام دين النظافة، والحياة في الإسلام مبنية على الطهارة والنظافة (بني الإسلام على النظافة) فالإسلام ليس من الأديان التي تقرب القذر والملوث الذي لا يهتم بمظهره، إن الإسلام يدعو إلى النظافة بكل أشكالها: نظافة الجسم والملبس والمأكل والمشرب ... فليس مهماً لدى الإسلام القيمة المادية للباس بل المهم الطهارة والنظافة. والتعاليم الإسلامية أكثرها تدعو إلى نظافة البدن. فهناك الوضوء المتعدد لأجل إقامة الصلاة، و الأغسال الواجبة والمستحبة طوال الأسبوع والشهر، وغسل اليدين والفم قبل وبعد الطعام، والسواك الذي يعتبر من المسائل المهمة كل ذلك يدلل على أهمية النظافة في الإسلام.

فالآن وقد أصبحت بمرحلة من المراحل الهامة في العمر وأقبلت على السن الذي تحاسبين فيه على كل صغيرة وكبيرة. وهذا السن هو سن النضوج والتغيرات الجسمية والهرمونية. فسوف تلاحظين على نفسك بعض التغيرات في الجسم والشكل والنفس كذلك. فلا تخافي إنما هي مظاهر الجمال التي وهبك الله تعالى إياها وبدأت ملامح الأنوثة تبدو عليك فيجب أن تهتمي بمظهرك ونظافتك وذلك من خلال:

أ / النظافة الشخصية

- الاستحمام اليومي.
- إزالة الشعر المسبب للروائح.
- تغيير الملابس الداخلية باستمرار.

١٨٦

BRAND

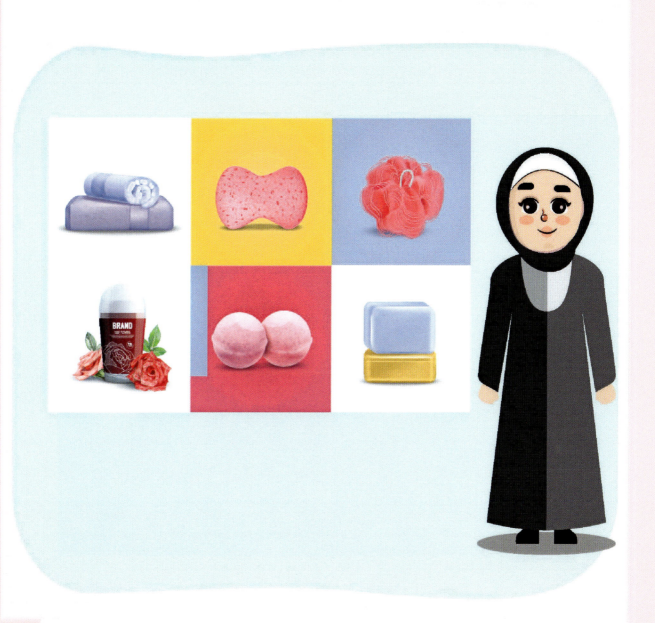

- تقليم الأظافر وتنظيفها.
- الاهتمام بنظافة الأسنان.

ب/ النظافة الداخلية والنفسية :

إن النظافة الداخلية أو نظافة النفس تكون قبل نظافة الخارج لأنها تنطبع على الخارج فأبعدي عن قلبك كل المساوئ من الكذب والحسد والكبر والذنوب والمعاصي بشكل عام وكل ما لا يرضاه تعالى.

اللؤلؤة السابعة

٧) كوني:

نحن نعلم أن القسم الأعظم من شخصيتنا ، حديثنا وعملنا ، وأسلوب حياتنا ناتج من مشاهداتنا لأعمال وأقوال الآخرين ، وقسماً قليلاً من ذلك يأتي من المطالعة والتفكير . لأن الإنسان في عمله وسلوكه يكون مقلداً للآخرين مقتدياً بهم حيث يراقب كلامهم وأعمالهم بدقة . وعلى هذا الأساس فإن المجتمع الإسلامي ومن أجل القيام بالتربية الصحيحة يؤمن بضرورة وجود قدوات صالحة في المجتمع ، فنحن بحاجة إلى فتيات مسلحات بالعفة والتقوى حافظات لشرفهن وأخلاقهن ليكن قدوة يعول المجتمع عليهن بدلاً من الراقصات والمغنيات.

إذاً .. كوني **كالسيدة الزهراء والسيدة زينب والسيدة رقية والسيدة سكينة عليهن السلام** في كل شيء في الإيمان والحشمة والطهارة والعفاف والأخلاق والسلوك .

كوني فتاة مؤمنة ومحتشمة ومهذبة وحاكي في الحياة من تحسين أنها تسير بك نحو الطريق المستقيم . هناك أيضاً من المؤمنات والصالحات ما يفخر المجتمع بهن ، فكوني كذلك.

اللؤلؤة الثامنة

٧) **الارتباط والاتصال بالإمام المهدي (عجل الله فرجه)**

وهو الارتباط الروحي والعاطفي العميق مع الإمام المهدي - عجل الله فرجه - أي أن تتأثر روحي ونفسي بروحه، ومن آثار هذا التأثر أن أتأدب بآدابه وأتخلق بأخلاقه اذكريه في الدعاء والصدقة فهو لا ينسانا فلنذكره كما يذكرنا.

" اللهم كن لوليك الحجة ابن الحسن صلواتك عليه وعلى آبائه في هذه الساعة وفي كل ساعة ولياً وحافظاً وقائداً وناصراً ودليلاً وعيناً حتى تسكنه أرضك طوعاً وتمتعه فيها طويلاً برحمتك يا أرحم الراحمين "

الفهرس

المدخل

لك ابنتي المكلفة

إهداء ٢

شكر وتقدير ٣

مقدمه ....

الفصل الأول: أصول الدين و فروعه - التكليف -التقليد

أنا بتول المكلفة ٦

الفصل الأول ٩

أصول الدين وفروعه

مامعنى أصول الدين وفروعه؟ ١٠

كم عددهم؟ ١٠

أصول الدين ١٢

فروع الدين ١٤

التكليف

معنى التكليف ١٦

مذا تعني الأوامر ١٦

ماذا تعني النواهي؟ ١٨

من هي المكلفة؟ ١٨

ماهي شروط التكليف؟ ١٨

كيف يتحقق البلوغ عند البنت؟ ١٨

التقليد

ماهو التقليد؟ ٢٠

مثال بسيط على التقليد ٢٠

حكم اعمل المكلفة بغير تكليف ٢٠

الفصل الثاني: الوضوء

الوضوء ٢٤

مالمقصود بكلمتي الغسل والمسح؟ ٢٥

شرائط الوضوء ٢٦

كيفية الوضوء ٢٨

رسوم توضيحية للوضوء ٣١

نواقض الوضوء ٤٠

مستحبات الوضوء وآدابه ٤٢

الفصل الثالث: التيمم

التيمم

متى يجب؟ ٤٨

بماذا تتيممين؟ ٥٠

كيفية التيمم؟ ٥٠

الفصل الرابع: الغسل

الغسل

موجبات الغسل ٥٤

أنواع الغسل ٥٤

كيفية الغسل الارتماسي ٥٦

١- دفعي ٥٦

٢- تدريجي ٥٦

كيفية الغسل الترتيبي ٨٥

موجبات الغسل ومعانيها ٦٠

الفصل الخامس: العادة السرية

العادة السرية

ماهي العادة السرية أو الاستمناء؟	٦٤
هل وردت في أحاديث أهل البيت؟	٦٤
أسبابها	٦٦
حكمها الشرعي	٦٦
مقترحات للعلاج	٦٨
هل العادة السرية تضرك؟	٧٢
متى يحكم على الرطوبة الخارجة بأنها موجبة لغسل الجنابة	٧٢

الفصل السادس: الصلاة

الصلاة

أقسام الصلاة	٧٦
مقدمات الصلة وأوقاتها	٧٦
الأذان و الإقامة	٨٢
واجبات الصلاة	٨٤
كيفية الصلاة	٨٦

١- النية	٨٦
٢- القيام	٨٦
٣- تكبيرة الإحرام	٨٦
٤- القراءة	٨٨
٥- الركوع	٨٨
٦- السجود	٩٠
المساجد السبعة	٩٠
٧- الذكر	٩٢
٨- التشهد	٩٤
٩- التسليم	٩٤
١٠- الترتيب	٩٤
١١- الموالاة	٩٤
من مستحبات الصلاة	٩٦
الصلاة الجهرية و الإخفاتية	١٠٠
مبطلات الصلاة	١٠٢

الصوم

معنى الصوم	١٠٦

المفطرات	١٠٦
لا يجوز الصوم في هذه الحالات	١٠٨
المعذورون من الصيام	١٠٨
تصنيفات من لم يصومو في ش	١٠٨
شرائط الصوم	١١٠
من آداب الصوم	١١٠
اسئلة تتكرر	١١٢

الفصل الثامن: الخمس

الخمس	١١٦
مالمقصود بالخمس؟	١١٦

الفصل التاسع : الدماء

الدماء ثلثة أنواع عند المرأة

1- الحيض

ماهو الحيض؟	١٢٠
هل له صفات محددة؟	١٢٠
متى تكون المرأة ذات عادة؟	١٢٢

أنواع العادة الشهرية ١٢٢

أسئلة مختلفة حول الحيض ١٢٢

جدول توضيحي لانواع الحيض ١٢٦

أحكام الحيض ١٢٨

2- الاستحاضة

ماهي الاستحاضة ١٣٠

صفاتها ١٣٠

اسئلة مختلفة حول الاستحاضة ١٣٠

أقسام الإستحاضة ١٣٢

الحكم الشرعي في كل قسم ١٣٢

اسئلة مختلفة حول الاستحاضة ١٣٤

أحكام المبتدئة

من هي المبتدئة؟ ١٢٨

صفاتها ١٢٨

اسئلة مختلفة حول المبتدئة ١٤٠

أحكام المستحاضة بالصور ١٤٢

كيف تحسب مدة الحيض بالصور ١٤٣

الجمع بين تروك الحائض وعمل ١٤٥

الطاهرة بالصور

3- النفاس

معناه ١٤٦

كيفية حسابه ١٤٦

الفصل العاشر: الشكوك في الصلاة

الشكوك التي توجد لها حلول و تصح الصلة بها ١٥٠

الشكوك المبطلة للصلاة ١٥٢٠

الشكوك التي لا يعتنى بها ١٥٤

صلاة الإحتياط ١٥٤

سجود السهو ١٥٦

رسوم توضيحية لصلاة الاحتياط ١٠٩

رسوم توضيحية لسجود السهو ١٦٠

الفصل الحادي عشر: مواقف بتول

مواقف بتول ١٦٤

اللباس ١٦٦

لباس الصلاة ١٦٨

الحجاب ١٦٨

عن من أرتدي حجابي؟ ١٧٠

صور توضيحية عن الاشخاص اللذين ١٧٢

لا أرتدي عنهم الحجاب

صور توضيحية عن الاشخاص اللذين ١٧٢

يجب أن أرتدي عنهم الحجاب ١٧٢

حفل تكليفي مع أخواي ١٧٣

أميرة الحفل ١٧٥

الفصل الثاني عشر: لآليء

اللؤلؤة ١٧٨

١- معاملاتي ١٧٨

٢- وقتي ١٨٠

٣- عاداتي ١٨٠

٤- صداقاتي ١٨٢

٥- أبتعد عن ١٨٤

٦- اهتماماتي ١٨٦

٧- أكون ١٨٨

٨- ارتباطي واتصالي ١٩٠

ثبت المصادر والمراجع

. القرآن الكريم

المسائل المنتخبة – العبادات والمعاملات – آية الله العظمى السيد أبو القاسم الخوئي قدس سره الشريف .

جامع الدعوات ج1 ص20 –محمد أحمد عبد القدوس.

المنتظر والمنتظرون – الفصل الخامس- تكليف الموالي في عصر الغيبة ص181 السيدة أم مهدي الموسوي

أحكام غسل الجنابة ص52 – أجوبة الاستفتاءات – السيد علي الخامنائي.

. دروس في الفقه – المستوى الأول – الأستاذ الشيخ رضي المهنا

مختصر المسائل الشرعية طبقاً لفتاوى آية الله العظمى السيد أبو القاسم الخوئي قدس سره الشريف.

أحكام الدماء الثلاثة : على ضوء فقه أهل البيت عليهم السلام –الشيخ هاني آل عبد الله ، الطبعة الأولى : 1425هـ ❖ 2004م .

تربية الفتاة في الإسلام – د : علي القائمي

سلسلة الوسيلة –العدد الثاني في الثالث عشر من شهر رجب 1425 هـ

سلسلة ثقافية دينية علمية اجتماعية تصدر عن طلبة العلوم الدينية- اللباس كما أنزله الله تعالى – بقلم الفاضل الشيخ : سلمان العوى.

الدماء الثلاثة – دروس في الفقه – الأستاذ : الشيخ رضي المهنا.

فقه الإمام الصادق عليه السلام . ج2 باب الخمس.

. أحكام النساء – مطابقة لفتاوى سماحة آية الله العظمى السيد صادق الحسيني الشيرازي

. المسائل المنتخبة فتاوى آية الله العظمى الميرزا جواد التبريزي

منهاج الصالحين – للسيد آية الله العظمى السيد السيستاني.

منهاج الصالحين – العبادات - آية الله العظمى السيد أبو القاسم الخوئي قدس سره الشريف مع فتاوى آية الله العظمى الشيخ حسين الوحيد الخراساني .

للتواصل مع المؤلفة

تماضر معتوق العلي

البريد الإلكتروني

tmtm5003@hotmail.com

tamadhr.alali@gmail.com

لا يجوز نسخه شرعا أو إعادة طبعه أو أي جزء منه بدون إذن مباشر من المؤلفة فقط
وأن مخالفة ذلك سيعرض صاحبه للمساءلة القانونية من قبل المؤلفة